Impressum
Verlag: BABADADA GmbH, Nedderfeld 112 , 22529 Hamburg
Geschäftsführer / Verlagsleitung: Harald Hof
Druck: Books on Demand GmbH, In de Tarpen 42, 22848 Norderstedt

Imprint
Publisher: BABADADA GmbH, Nedderfeld 112 , 22529 Hamburg, Germany
Managing Director / Publishing direction: Harald Hof
Print: Books on Demand GmbH, In de Tarpen 42, 22848 Norderstedt

skola

σχολείο

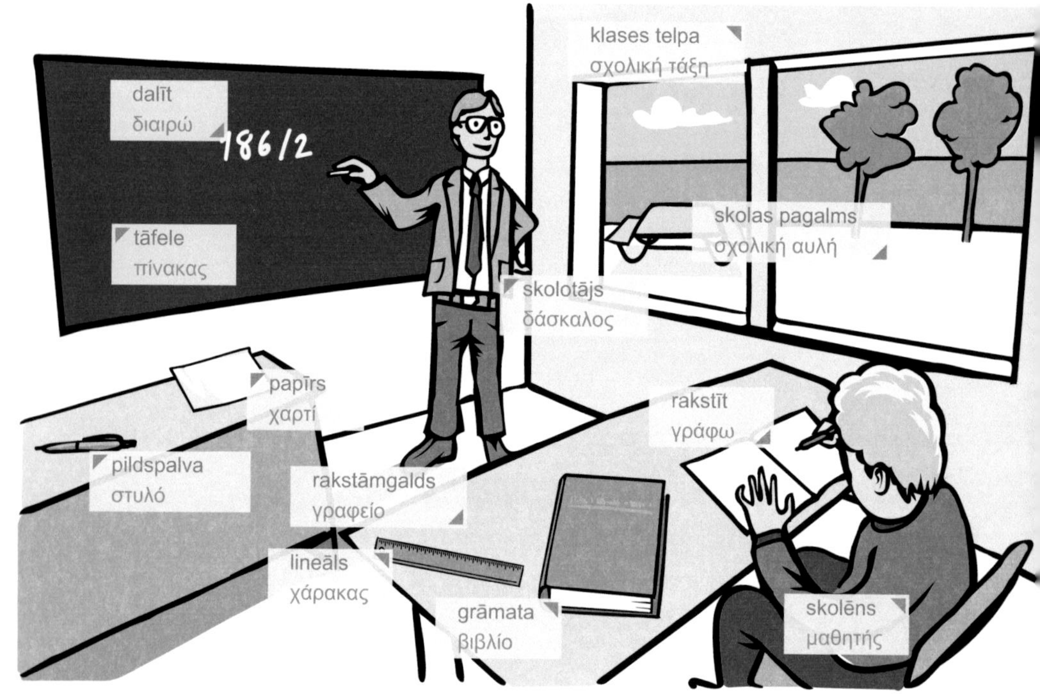

klases telpa
σχολική τάξη
dalīt
διαιρώ
186/2
tāfele
πίνακας
skolas pagalms
σχολική αυλή
skolotājs
δάσκαλος
papīrs
χαρτί
rakstīt
γράφω
pildspalva
στυλό
rakstāmgalds
γραφείο
lineāls
χάρακας
grāmata
βιβλίο
skolēns
μαθητής

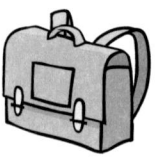

skolas soma

σχολική τσάντα

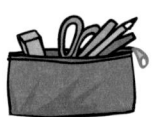

penālis

κασετίνα/ μολυβοθήκη

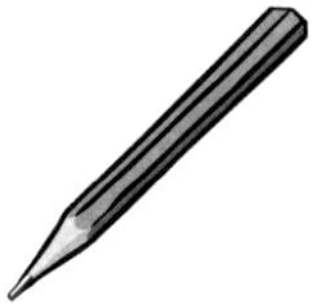

zīmulis

μολύβι

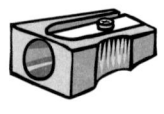

zīmuļu asināmais

ξύστρα

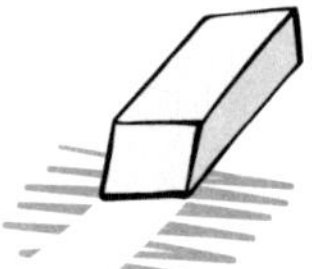

dzēšgumija

γόμα

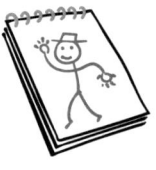

zīmēšanas bloks

μπλοκ ζωγραφικής

zīmējums

ζωγραφική

ota

πινέλο

krāsas

κουτί χρωμάτων

šķēres

ψαλίδι

līme

κόλλα

darba burtnīca

τετράδιο ασκήσεων

mājas darbs

εργασία για το σπίτι

12

skaitlis

αριθμός

2+2

saskaitīt

προσθέτω

5-2

atņemt

αφαιρώ

2×2

reizināt

πολλαπλασιάζω

rēķināt

υπολογίζω

A

burts

γράμμα

ABCDEFG HIJKLMN OPQRSTU VWXYZ

alfabēts

αλφάβητο

vārds

λέξη

teksts
κείμενο

lasīt
διαβάζω

krīts
κιμωλία

mācību stunda
μάθημα

žurnāls
εγγράφομαι

eksāmens
τεστ

liecība
πιστοποιητικό

skolas forma
μαθητική στολή

izglītība
εκπαίδευση

enciklopēdija
εγκυκλοπαίδεια

universitāte
πανεπιστήμιο

mikroskops
μικροσκόπιο

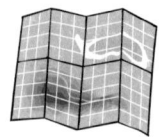

karte
χάρτης

papīrgrozs
καλάθι αχρήστων

skola - σχολείο

ceļojums
ταξίδι

viesnīca
ξενοδοχείο
Grand
hostelis
ξενώνας
ROOMS
valūtas maiņas punkts
ανταλλακτήρια συναλλάγματος
čemodāns
βαλίτσα
automašīna
αυτοκίνητο

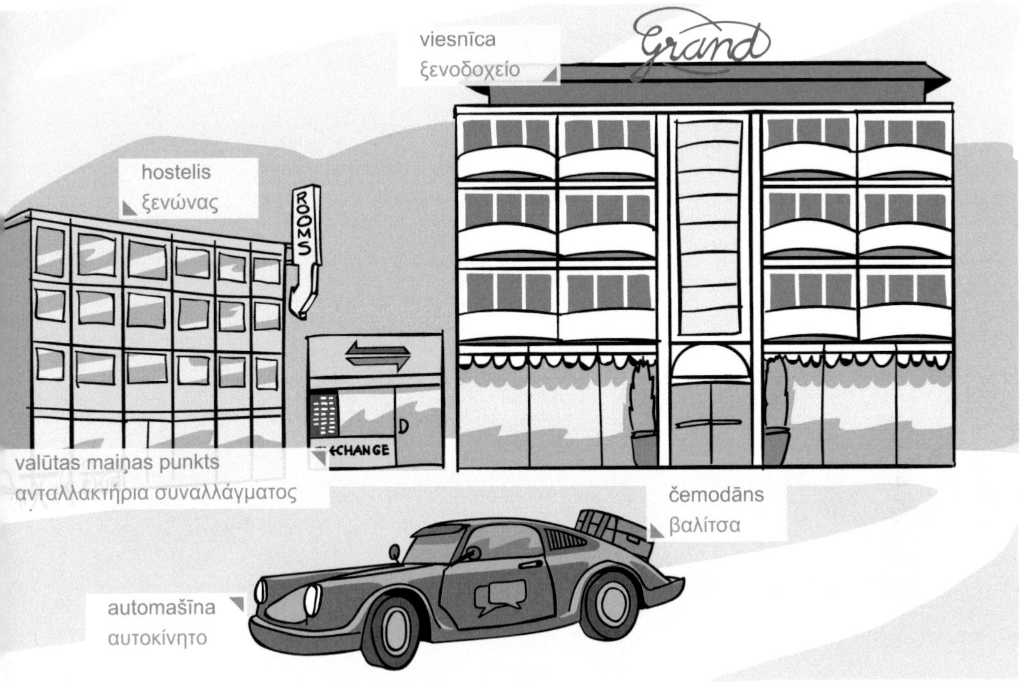

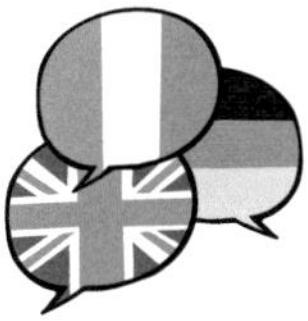

Valoda

γλώσσα

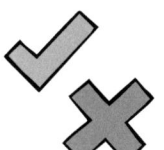

jā / nē

ναι / όχι

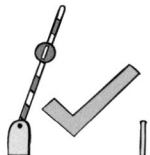

Okay

εντάξει

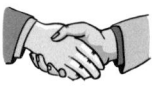

Sveiki!

γεια σου

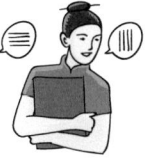

tulks

μεταφραστής

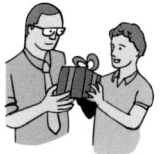

paldies

Ευχαριστώ

Cik maksā...?

πόσο κάνει ;

Es nesaprotu

Δε καταλαβαίνω

problēma

πρόβλημα

Labvakar!

Καλησπέρα!

Labrīt!

Καλημέρα!

Ar labu nakti!

Καληνύχτα!

Uz redzēšanos

Αντίο

virziens

κατεύθυνση

bagāža

αποσκευές

soma

τσάντα

mugursoma

σακίδιο πλάτης

viesis

καλεσμένος

istaba

δωμάτιο

guļammaiss

υπνόσακος

telts

σκηνή

tūrisma informācija

τουριστικές πληροφορίες

pludmale

παραλία

kredītkarte

πιστωτική κάρτα

brokastis

πρωινό

pusdienas

μεσημεριανό

vakariņas

δείπνο

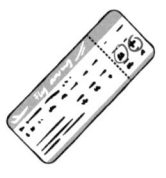

biļete

εισιτήριο

lifts

ανελκυστήρας

pastmarka

γραμματόσημο

robeža

σύνορα

muita

τελωνείο

vēstniecība

πρεσβεία

vīza

βίζα

pase

διαβατήριο

transports

μεταφορά

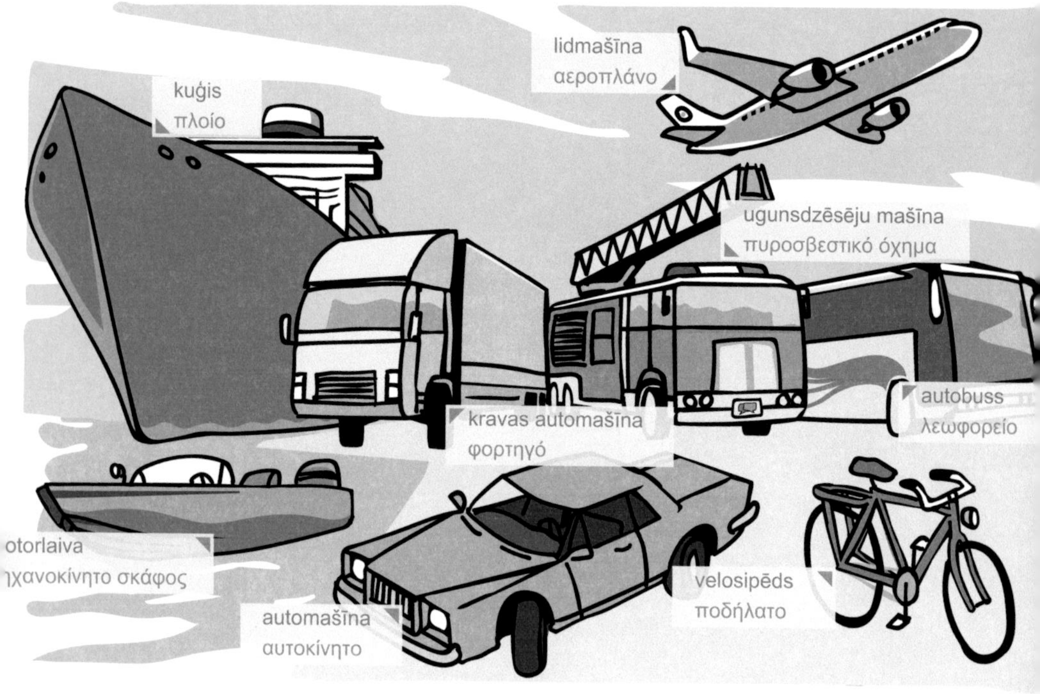

lidmašīna
αεροπλάνο
kuģis
πλοίο
ugunsdzēsēju mašīna
πυροσβεστικό όχημα
autobuss
λεωφορείο
kravas automašīna
φορτηγό
otorlaiva
ιχανοκίνητο σκάφος
velosipēds
ποδήλατο
automašīna
αυτοκίνητο

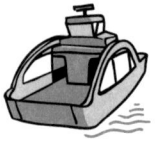

prāmis

φεριμπότ

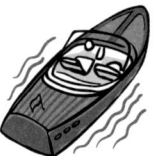

laiva

βάρκα

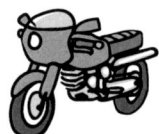

motocikls

μοτοσικλέτα

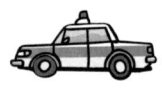

policijas automašīna

περιπολικό

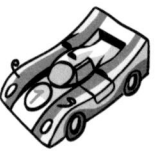

sacīkšu automobilis

αγωνιστικό αυτοκίνητο

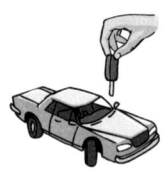

nomas auto

ενοικιαζόμενο αυτοκίνητο

auto koplietošana

ιαμοιρασμός αυτοκινήτων

evakuators

γερανός

atkritumu mašīna

απορριμματοφόρο

dzinējs

κινητήρας

benzīns

καύσιμο

degvielas uzpildes stacija

βενζινάδικο

ceļa zīme

πινακίδα σήμανσης

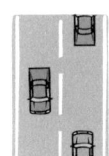

satiksme

κυκλοφορία

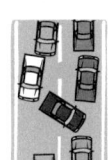

sastrēgums

κυκλοφοριακή συμφόρηση

stāvvieta

χώρος στάθμευσης

dzelzceļa stacija

σιδηροδρομικός σταθμός

sliedes

σιδηροδρομικές γραμμές

vilciens

τρένο

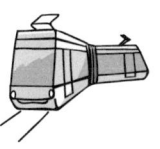

tramvajs

τραμ

vagons

βαγόνι

helikopters
ελικόπτερο

lidosta
αεροδρόμιο

tornis
πύργος

pasažieris
επιβάτης

konteiners
εμπορευματοκιβώτιο

kaste
χαρτοκιβώτιο

ratiņi
καρότσι

grozs
καλάθι

pacelties / nosēsties
απογειώνομαι /
προσγειόνομαι

pilsēta

πόλη

ciems
χωριό

pilsētas centrs
κέντρο της πόλης

māja
σπίτι

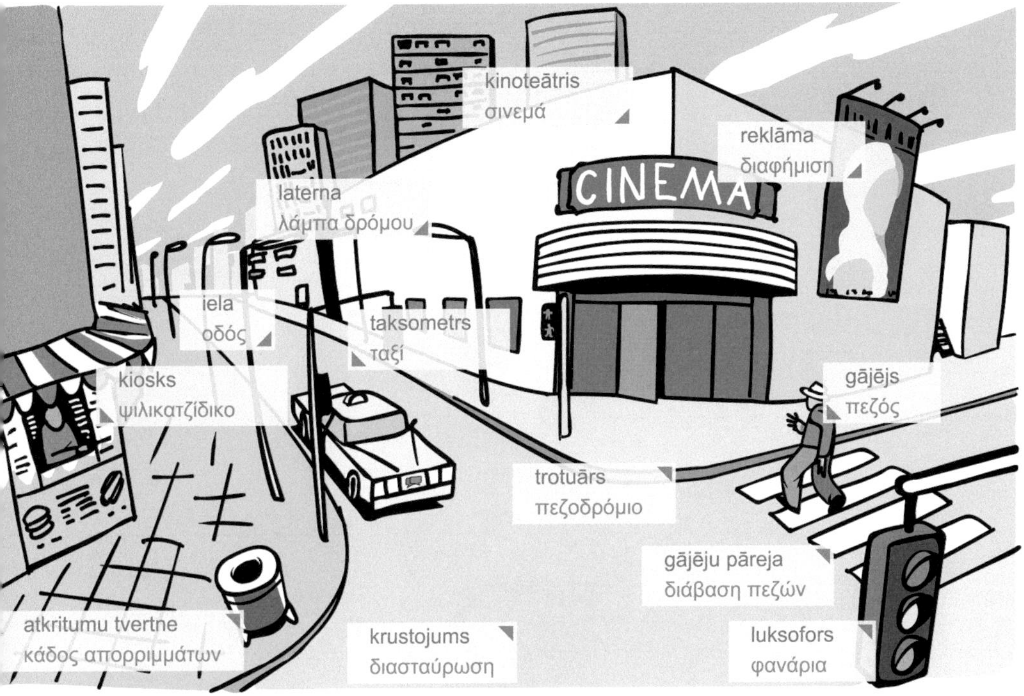

kinoteātris
σινεμά
CINEMA
reklāma
διαφήμιση
laterna
λάμπα δρόμου
iela
οδός
taksometrs
ταξί
kiosks
ψιλικατζίδικο
gājējs
πεζός
trotuārs
πεζοδρόμιο
gājēju pāreja
διάβαση πεζών
atkritumu tvertne
κάδος απορριμμάτων
krustojums
διασταύρωση
luksofors
φανάρια

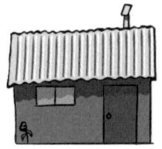

būda

καλύβα

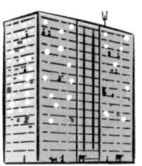

dzīvoklis

διαμέρισμα

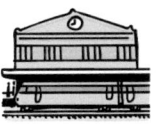

dzelzceļa stacija

σιδηροδρομικός σταθμός

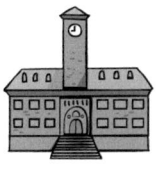

rātsnams

δημαρχείο

MUSEUM

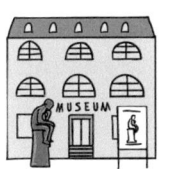

muzejs

μουσείο

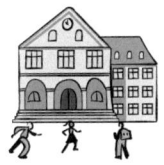

skola

σχολείο

universitāte

πανεπιστήμιο

banka

τράπεζα

slimnīca

νοσοκομείο

viesnīca

ξενοδοχείο

aptieka

φαρμακείο

birojs

γραφείο

grāmatnīca

βιβλιοπωλείο

veikals

κατάστημα

ziedu veikals

ανθοπωλείο

lielveikals

σούπερ μάρκετ

tirgus

αγορά

tirdzniecības centrs

πολυκατάστημα

zivju tirgotājs

ιχθυοπωλείο

tirdzniecības centrs

εμπορικό κέντρο

osta

λιμάνι

parks

πάρκο

sols

παγκάκι

tilts

γέφυρα

kāpnes

σκάλες

metro

μετρό

tunelis

τούνελ

autobusa pieturvieta

στάση λεωφορείου

bārs

μπαρ

restorāns

εστιατόριο

pastkastīte

γραμματοκιβώτιο

ielas nosaukuma plāksne

πινακίδα δρόμου

stāvlaika skaitītājs

παρκόμετρο

zooloģiskais dārzs

ζωολογικός κήπος

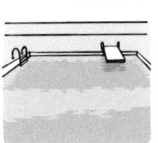

peldbaseins

πισίνα

mošeja

τζαμί

zemnieku saimniecība

αγρόκτημα

vides piesārņojums

ρύπανση

kapsēta

νεκροταφείο

baznīca

εκκλησία

spēļu laukums

παιδική χαρά

templis

ναός

ainava

τοπίο

lapa
φύλλο

ceļrādis
πινακίδα κατεύθυνσης

ceļš
δρόμος

pļava
λιβάδι

akmens
πέτρα

celotājs
πεζοπόρος

koks
δέντρο

upe
ποτάμι

zāle
χορτάρι

puķe
λουλούδι

ieleja

κοιλάδα

kalns

λόφος

ezers

λίμνη

mežs

δάσος

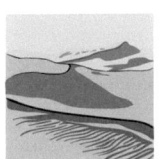

tuksnesis

έρημος

vulkāns

ηφαίστειο

pils

κάστρο

varavīksne

ουράνιο τόξο

sēne

μανιτάρι

palma

φοίνικας

moskīts

κουνούπι

muša

μύγα

skudra

μυρμήγκι

bite

μέλισσα

zirneklis

αράχνη

vabole

σκαθάρι

varde

βάτραχος

vāvere

σκίουρος

ezis

σκαντζόχοιρος

zaķis

λαγός

pūce

κουκουβάγια

putns

πουλί

gulbis

κύκνος

meža cūka

αγριογούρουνο

briedis

ελάφι

alnis

άλκη

aizsprosts

φράγμα

vēja ģenerators

ανεμογεννήτρια

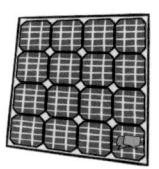

saules baterija

ηλιακός συλλέκτης

klimats

κλίμα

restorāns

εστιατόριο

viesmīlis
σερβιτόρος
ēdienkarte
κατάλογος
krēsls
καρέκλα
zupa
σούπα
pica
πίτσα
galda piederumi
μαχαιροπίρουνα
galdauts
τραπεζομάντιλο

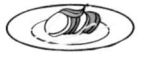

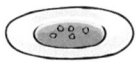

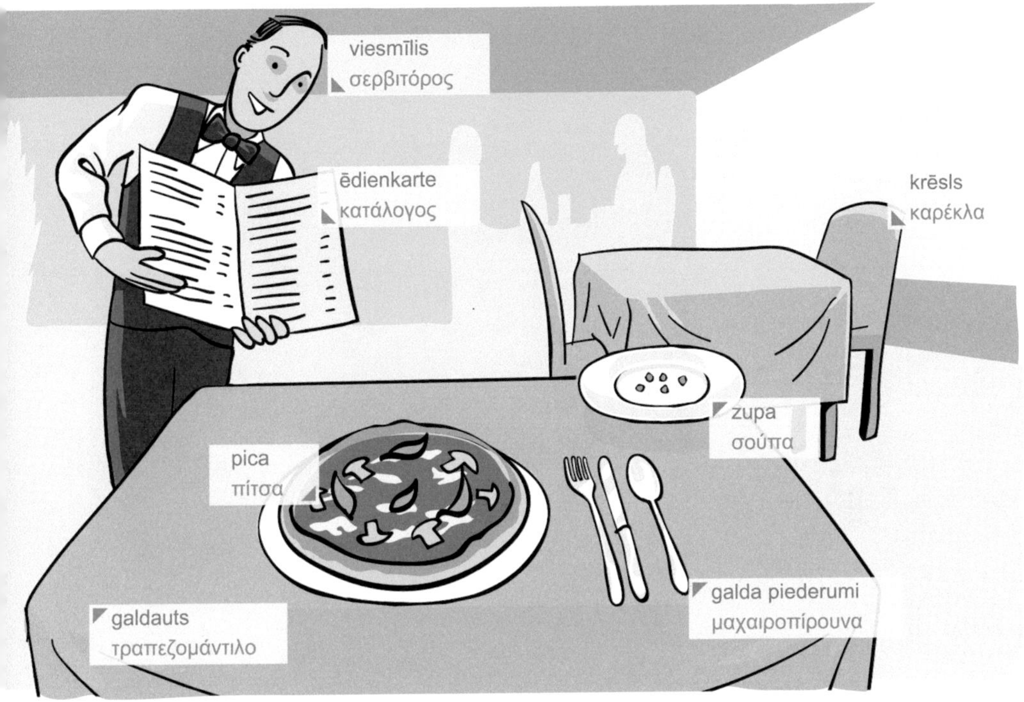

uzkoda

ορεκτικό

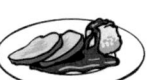

pamatēdiens

κύριο πιάτο

deserts

επιδόρπιο

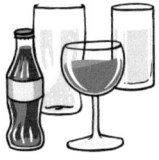

dzērieni

ποτά

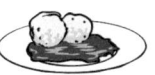

ēdiens

φαγητό

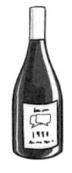

pudele

μπουκάλι

ātrās uzkodas

φαστ φουντ

ielu uzkodas

φαγητό στ' όρθιο

tējkanna

τσαγιέρα

cukurtrauks

δοχείο ζάχαρης

porcija

μερίδα

espresso kafijas automāts

μηχανή εσπρέσο

bāra krēsls

ψηλή καρέκλα

rēķins

λογαριασμός

paplāte

δίσκος

nazis

μαχαίρι

dakša

πιρούνι

karote

κουτάλι

tējkarote

κουταλάκι του τσαγιού

salvete

πετσέτα φαγητού

glāze

ποτήρι

18   restorāns - εστιατόριο

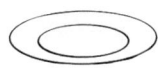

šķīvis

πιάτο

zupas šķīvis

πιάτο σούπας

apakštase

πιατάκι φλιτζανιού

mērce

σάλτσα

sāls trauciņš

αλατιέρα

piparu dzirnaviņas

μύλος για πιπέρι

etiķis

ξύδι

eļļa

λάδι

garšvielas

μπαχαρικά

kečups

κέτσαπ

sinepes

μουστάρδα

majonēze

μαγιονέζα

lielveikals
σούπερ μάρκετ

piedāvājums
προσφορά
FOR
klients
πελάτης
piena produkti
γαλακτοκομικά προϊόντα
augļi
φρούτα
iepirkumu ratiņi
καρότσι για ψώνια

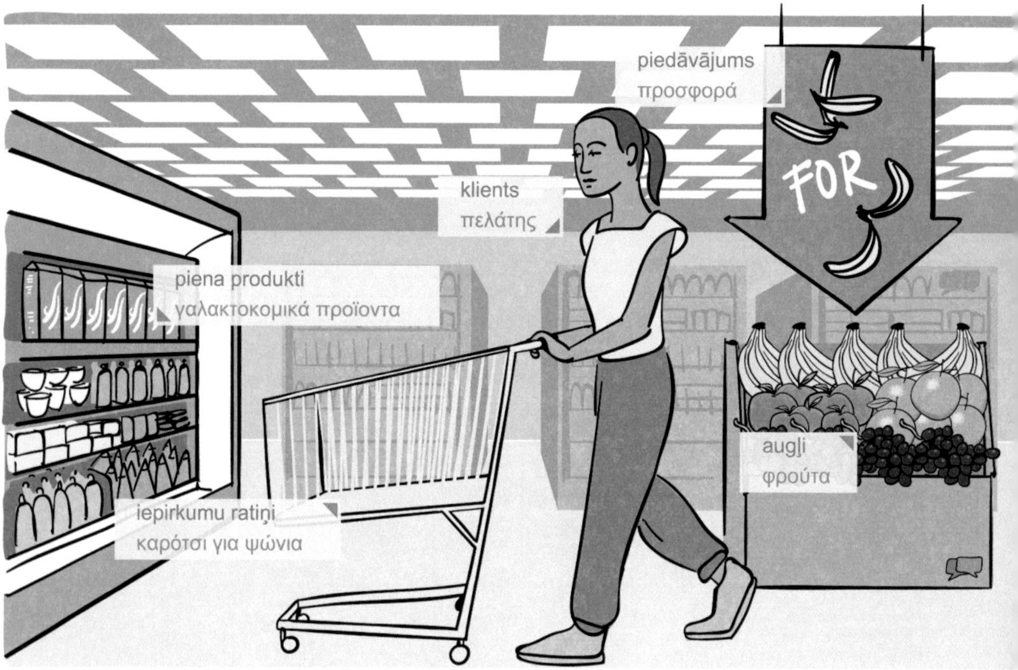

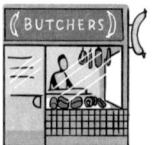

BUTCHERS
kautuve

κρεοπωλείο

BAKERY
maizes veikals

φούρνος

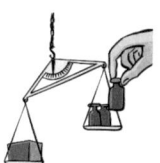

svērt

ζυγίζω

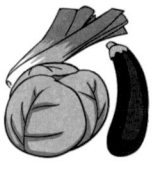

dārzeņi

λαχανικά

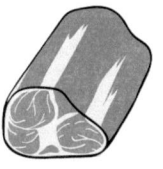

gaļa

κρέας

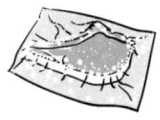

saldēti produkti

κατεψυγμένα τρόφιμα

aukstās gaļas uzkodas

αλλαντικά

konservi

κονσερβοποιημένη τροφή

pulveris

απορρυπαντικό ρούχων

saldumi

γλυκά

mājsaimniecības preces

οικιακά είδη

tīrīšanas līdzeklis

καθαριστικά προϊόντα

pārdevēja

πωλήτρια

kase

ταμείο

kasieris

ταμίας

iepirkumu saraksts

λίστα για ψώνια

darba laiks

ωράριο λειτουργίας

maks

πορτοφόλι

kredītkarte

πιστωτική κάρτα

soma

τσάντα

maisiņš

πλαστική σακούλα

ūdens

νερό

sula

χυμός

piens

γάλα

kola

κόκα κόλα

vīns

κρασί

alus

μπίρα

alkohols

αλκοόλ

kakao

κακάο

tēja

τσάι

kafija

καφές

espresso

εσπρέσο

kapučīno

καπουτσίνο

banāns

μπανάνα

ābols

μήλο

apelsīns

πορτοκάλι

melone

πεπόνι

citrons

λεμόνι

burkāns

καρότο

ķiploks

σκόρδο

bambuss

μπαμπού

sīpols

κρεμμύδι

sēne

μανιτάρι

rieksti

ξηροί καρποί

makaroni

νουντλς

spageti

μακαρόνια

rīsi

ρύζι

salāti

σαλάτα

frī kartupeļi

πατατάκια

cepti kartupeļi

τηγανητές πατάτες

pica

πίτσα

hamburgers

χάμπουργκερ

sviestmaize

σάντουιτς

šnicele

κοτολέτα

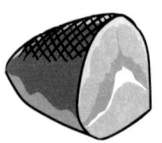

šķiņķis

ζαμπόν

salami

σαλάμι

desa

λουκάνικο

vista

κοτόπουλο

cepetis

ψητό

zivs

ψάρι

ēdiens - φαγητό

auzu pārslas

χυλός βρώμης

muslis

μούσλι

brokastu pārslas

κορν φλέικς

milti

αλεύρι

radziņš

κρουασάν

brokastu maizītes

ψωμάκι

maize

ψωμί

tostermaize

τοστ

cepumi

μπισκότα

sviests

βούτυρο

biezpiens

τυρόπηγμα

kūka

κέικ

ola

αυγό

cepta ola

τηγανητό αυγό

siers

τυρί

saldējums

παγωτό

cukurs

ζάχαρη

medus

μέλι

marmelāde

μαρμελάδα

riekstu krēms

άλλειμμα σοκολάτας

karijs

κάρυ

zemnieku saimniecība
αγρόκτημα

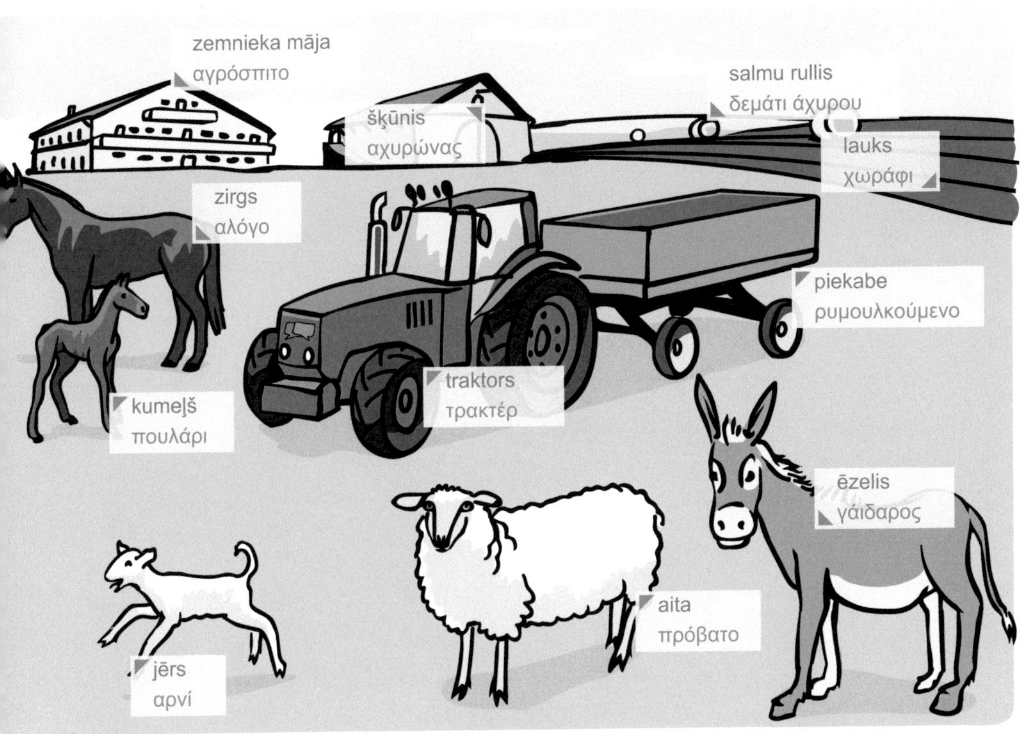
zemnieka māja
αγρόσπιτο
salmu rullis
δεμάτι άχυρου
šķūnis
αχυρώνας
lauks
χωράφι
zirgs
άλογο
piekabe
ρυμουλκούμενο
kumeļš
πουλάρι
traktors
τρακτέρ
ēzelis
γάιδαρος
aita
πρόβατο
jērs
αρνί

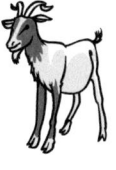

kaza

κατσίκα

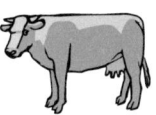

govs

αγελάδα

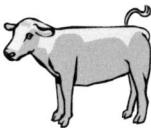

teļš

μοσχαράκι

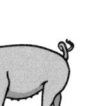

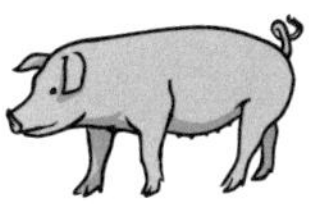
cūka

γουρούνι

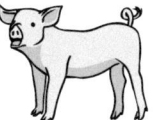

sivēns

γουρουνάκι

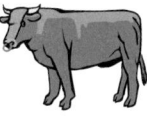

bullis

ταύρος

zoss

χήνα

pīle

πάπια

cālis

κοτοπουλάκι

vista

κότα

gailis

κόκορας

žurka

αρουραίος

kaķis

γάτα

pele

ποντίκι

vērsis

βόδι

suns

σκύλος

suņa būda

σπιτάκι σκύλου

dārza šļūtene

λάστιχο κήπου

lejkanna

ποτιστήρι

izkapts

θεριστήρι

arkls

αλέτρι

zemnieku saimniecība - αγρόκτημα

sirpis

δρεπάνι

kaplis

τσάπα

mēslu dakša

δίκρανο

cirvis

τσεκούρι

ķerra

χειράμαξα

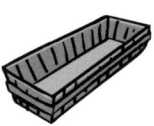

sile

ταΐστρα

piena kanna

δοχείο γάλακτος

maiss

σάκος

žogs

φράχτης

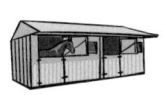

kūts

στάβλος

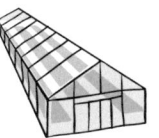

siltumnīca

θερμοκήπιο

augsne

έδαφος

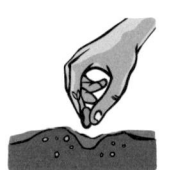

sēklas

σπόρος

mēslojums

λίπασμα

kombains

θεριζοαλωνιστική μηχανή

novākt ražu

θερίζω

raža

συγκομιδή

jamss

γιαμς

kvieši

σιτάρι

soja

σόγια

kartupelis

πατάτα

kukurūza

καλαμπόκι

rapsis

κράμβη

augļu koks

οπωροφόρο δέντρο

manioka

μανιόκα

labība

δημητριακά

māja
σπίτι

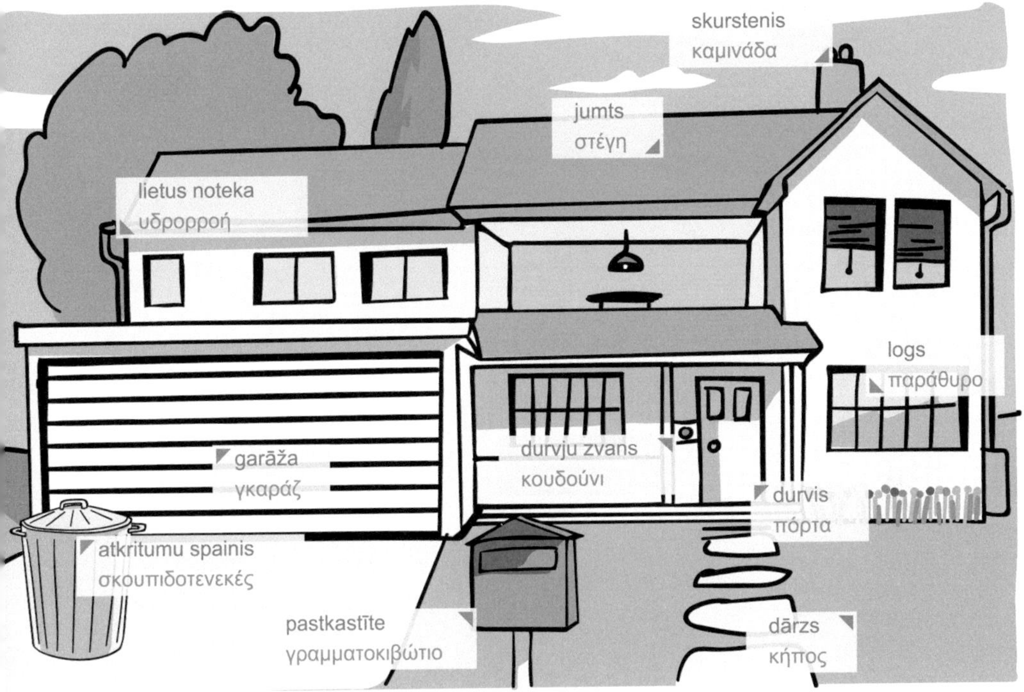
skurstenis
καμινάδα
jumts
στέγη
lietus noteka
υδρορροή
logs
παράθυρο
garāža
γκαράζ
durvju zvans
κουδούνι
durvis
πόρτα
atkritumu spainis
σκουπιδοτενεκές
pastkastīte
γραμματοκιβώτιο
dārzs
κήπος

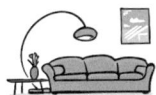

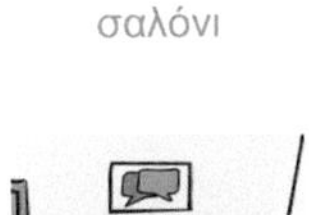

viesistaba

σαλόνι

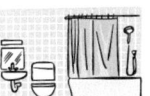

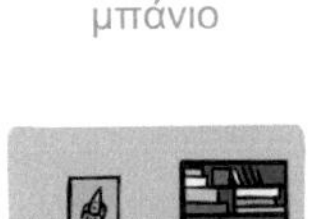

vannas istaba

μπάνιο

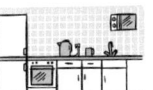

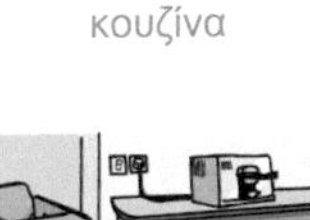

virtuve

κουζίνα

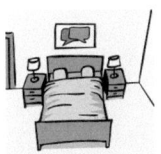

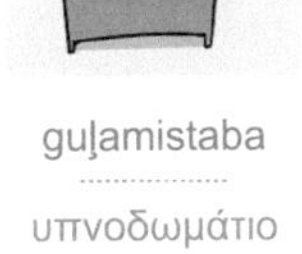

guļamistaba

υπνοδωμάτιο

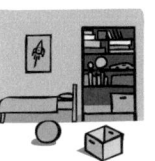

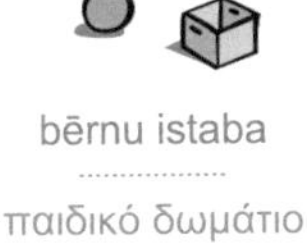

bērnu istaba

παιδικό δωμάτιο

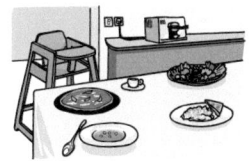

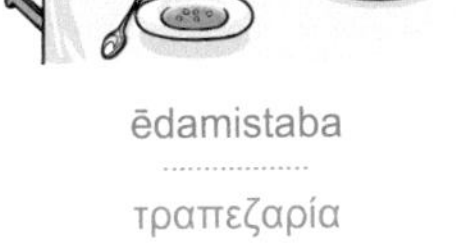

ēdamistaba

τραπεζαρία

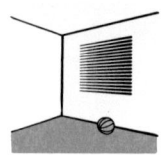	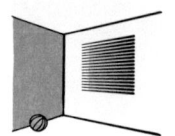	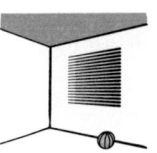
grīda	siena	griesti
πάτωμα	τοίχος	οροφή

pagrabs	sauna	balkons
κελάρι	σάουνα	μπαλκόνι

terase	baseins	zāles pļāvējs
βεράντα	πισίνα	μηχανή του γκαζόν

		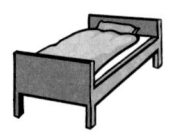
gultas veļa	sega	gulta
σεντόνι	κάλυμμα κρεβατιού	κρεβάτι

slota	spainis	slēdzis
σκούπα	κουβάς	διακόπτης

viesistaba
σαλόνι

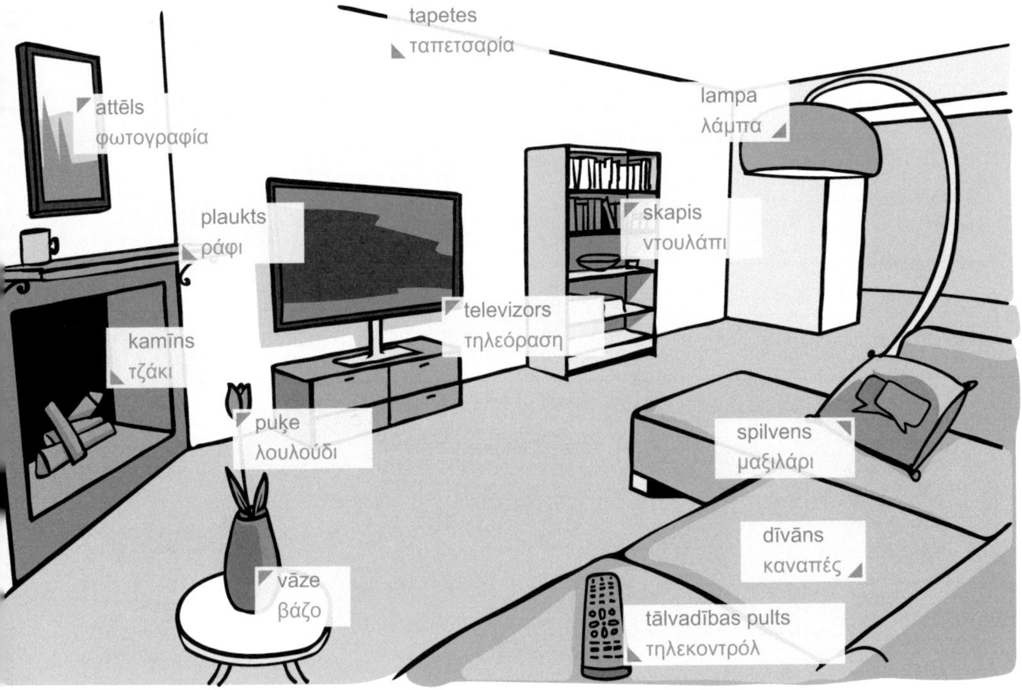

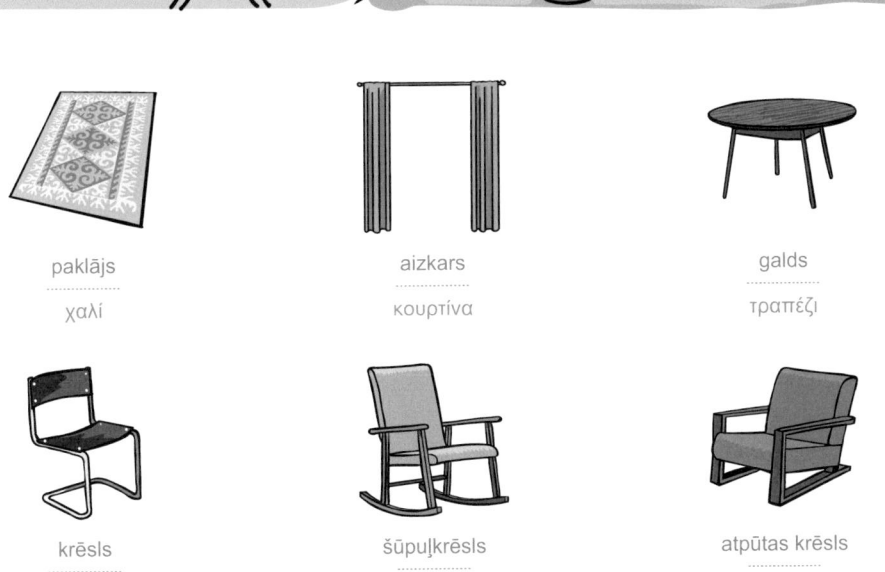

tapetes
ταπετσαρία
attēls
φωτογραφία
lampa
λάμπα
plaukts
ράφι
skapis
ντουλάπι
televizors
τηλεόραση
kamīns
τζάκι
puķe
λουλούδι
spilvens
μαξιλάρι
dīvāns
καναπές
vāze
βάζο
tālvadības pults
τηλεκοντρόλ

paklājs

χαλί

aizkars

κουρτίνα

galds

τραπέζι

krēsls

καρέκλα

šūpuļkrēsls

κουνιστή πολυθρόνα

atpūtas krēsls

πολυθρόνα

grāmata

βιβλίο

sega

κουβέρτα

dekorācija

διακόσμηση

malka

καυσόξυλα

filma

ταινία

mūzikas centrs

στερεοφωνικό σύστημα

atslēga

κλειδί

avīze

εφημερίδα

glezna

πίνακας ζωγραφικής

plakāts

αφίσα

radio

ραδιόφωνο

pierakstu blociņš

σημειωματάριο

putekļu sūcējs

ηλεκτρική σκούπα

kaktuss

κάκτος

svece

κερί

virtuve
κουζίνα

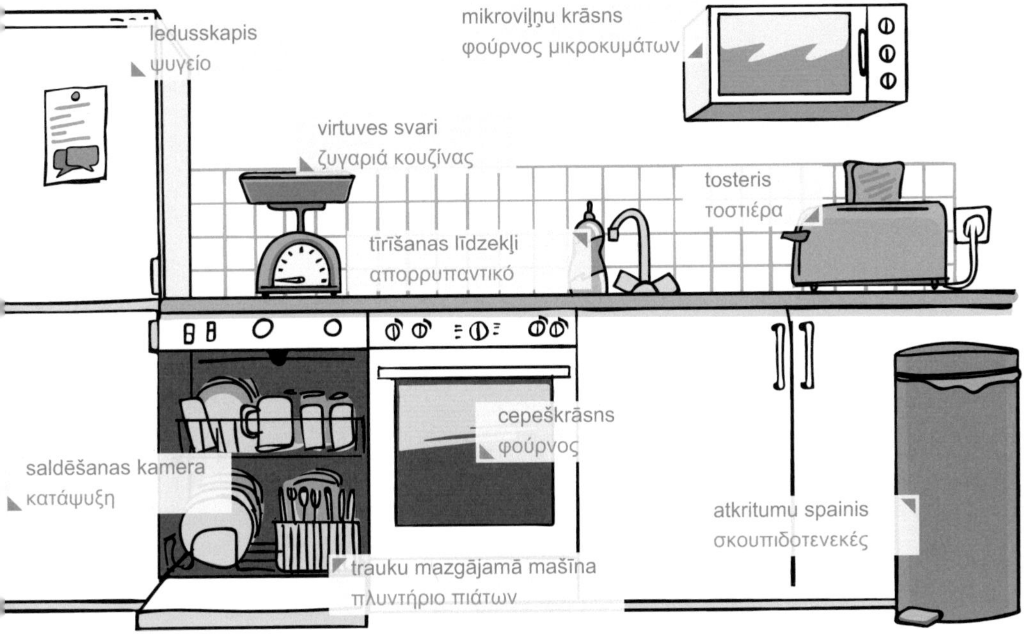
ledusskapis
ψυγείο
mikroviļņu krāsns
φούρνος μικροκυμάτων
virtuves svari
ζυγαριά κουζίνας
tosteris
τοστιέρα
tīrīšanas līdzekļi
απορρυπαντικό
cepeškrāsns
φούρνος
saldēšanas kamera
κατάψυξη
atkritumu spainis
σκουπιδοτενεκές
trauku mazgājamā mašīna
πλυντήριο πιάτων

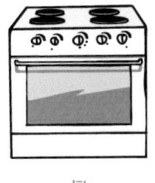

plīts
κουζίνα

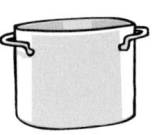

pods
κατσαρόλα

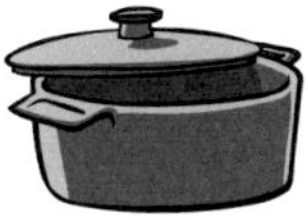
katls
μαντεμένια κατσαρόλα

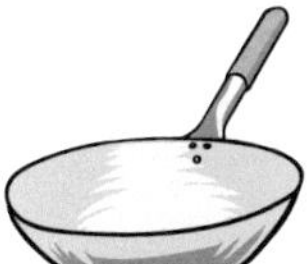
Wok panna
γουόκ/καντάι

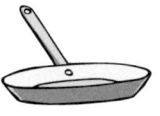

panna
τηγάνι

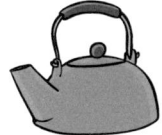

elektriskā tējkanna
βραστήρας

tvaika katls

ατμομάγειρας

cepešpanna

ταψί

trauki

πιατικά

krūze

κούπα

bļoda

μπολ

irbulīši

ξυλάκια

kauss

κουτάλα

lāpstiņa

σπάτουλα

putošanas slotiņa

ανακατεύω

sietiņš

σουρωτήρι

siets

σουρωτηράκι

rīve

τρίφτης

piesta

γουδί

grilēt

ψησταριά

atklāts pavards

ανοιχτή φωτιά

dēlis

σανίδα κοπής

mīklas rullis

πλάστης

korķu vilķis

ανοιχτήρι φελλών

bundža

κονσέρβα

konservu nazis

ανοιχτήρι κονσέρβας

virtuves cimdi

γάντι φούρνου

izlietne

νεροχύτης

birste

βούρτσα

sūklis

σφουγγάρι

mikseris

μπλέντερ

saldētava

καταψύκτης

bērna pudelīte

μπιμπερό

ūdenskrāns

βρύση

vannas istaba
μπάνιο

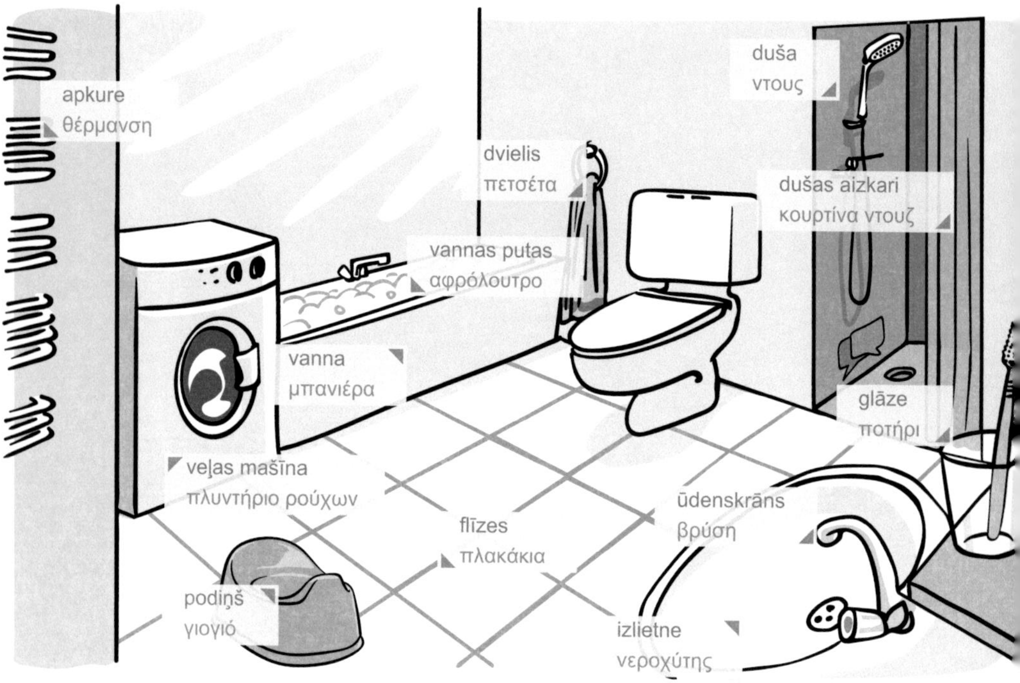

apkure
θέρμανση
duša
ντους
dvielis
πετσέτα
dušas aizkari
κουρτίνα ντουζ
vannas putas
αφρόλουτρο
vanna
μπανιέρα
glāze
ποτήρι
veļas mašīna
πλυντήριο ρούχων
ūdenskrāns
βρύση
flīzes
πλακάκια
podiņš
γιογιό
izlietne
νεροχύτης

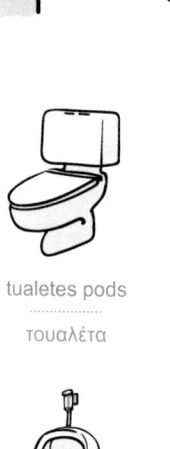

tualetes pods

τουαλέτα

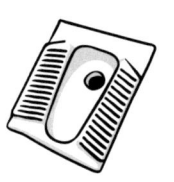

Āzijas tipa tualete

τούρκικη τουαλέτα

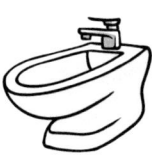

bidē

μπιντές

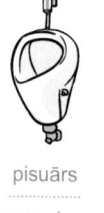

pisuārs

ουρητήριο

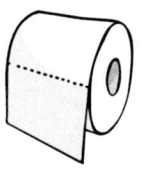

tualetes papīs

χαρτί υγείας

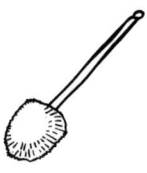

tualetes birste

πιγκάλ

zobu birste

οδοντόβουρτσα

zobu pasta

οδοντόκρεμα

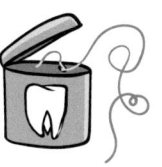

zobu diegs

οδοντικό νήμα

mazgāt

πλένω

rokas duša

τηλέφωνο ντους

duša

ντουσιέρα

bļoda

λεκάνη

muguras mazgāšanas birste

βούρτσα πλάτης

ziepes

σαπούνι

dušas želeja

αφρόλουτρο

šampūns

σαμπουάν

mazgāšanas drāna

φανέλα

noteka

σιφόνι

krēms

κρέμα

dezodorants

αποσμητικό

spogulis
καθρέφτης

spogulītis
καθρέφτης χειρός

skuveklis
ξυραφάκι

skūšanās putas
αφρός ξυρίσματος

losjons pēc skūšanās
αφτερσέιβ

ķemme
χτένα

matu suka
βούρτσα

matu fēns
σεσουάρ

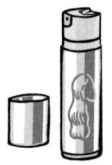

matu laka
λακ

grima komplekts
μακιγιάζ

lūpu krāsa
κραγιόν

nagulaka
βερνίκι νυχιών

vate
βαμβάκι

šķērītes
ψαλίδι νυχιών

smaržas
άρωμα

kosmētikas maks

νεσεσέρ

ķeblītis

σκαμπό

svari

ζυγαριά

halāts

μπουρνούζι

tīrīšanas cimdi

ελαστικά γάντια

tampons

ταμπόν

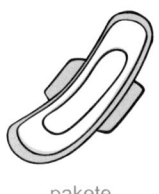

pakete

πετσέτα υγιεινής

ķīmiskā tualete

χημική τουαλέτα

bērnu istaba
παιδικό δωμάτιο

modinātājs
ξυπνητήρι
mīkstā rotaļlieta
λούτρινο ζωάκι
spēļu automašīna
αυτοκινητάκι
grabulis
κουδουνίστρα
leļļu māja
κουκλόσπιτο
dāvana
δώρο

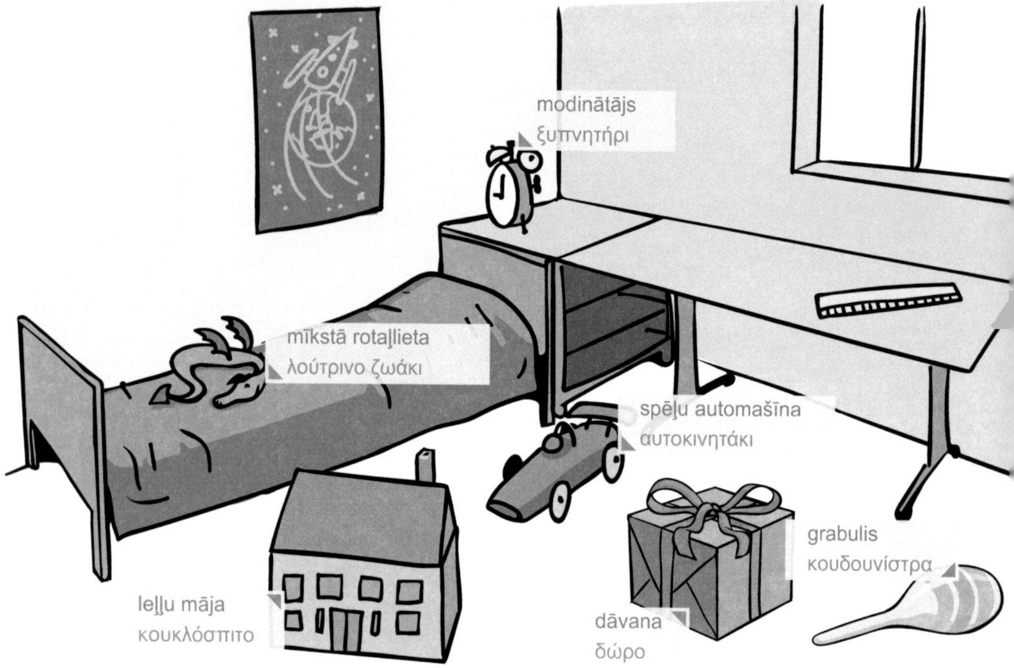

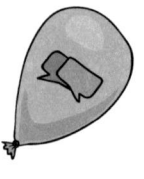

balons

μπαλόνι

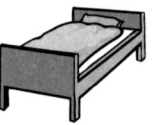

gulta

κρεβάτι

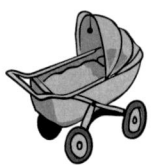

bērnu ratiņi

καροτσάκι

kārtis

τράπουλα

puzle

παζλ

SUPER
MEGA

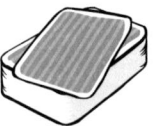

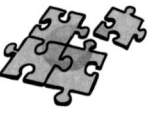

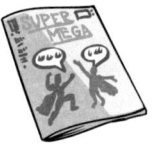

komikss

κόμικς

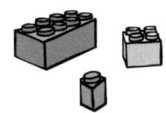

LEGO klucīši

τουβλάκια lego

klucīši

τουβλάκια κατασκευών

varoņu figūra

φιγούρα δράσης

rāpulītis

βρεφικό φορμάκι

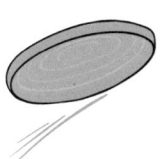

lidojošais šķīvītis

φρίσμπι

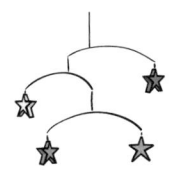

muzikālais karuselis

μόμπιλο

galda spēle

επιτραπέζιο παιχνίδι

metamais kauliņš

ζάρια

rotaļu dzelzceļš

σετ τρενάκι

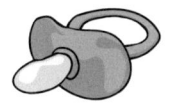

māneklis

πιπίλα

ballīte

πάρτι

bilžu grāmata

εικονογραφημένο βιβλίο

bumba

μπάλα

lelle

κούκλα

spēlēt

παίζω

bērnu istaba - παιδικό δωμάτιο

smilšu kaste

σκάμμα με άμμο

šūpoles

κούνια

rotaļlietas

παιχνίδια

spēļu konsole

κονσόλα βιντεοπαιχνιδιών

trīsritenis

τρίκυκλο

plīša lācītis

αρκουδάκι

drēbju skapis

ντουλάπα

apģērbs

ρούχα

īszeķes

κάλτσες

zeķes

καλτσοδέτες

zeķbikses

καλσόν

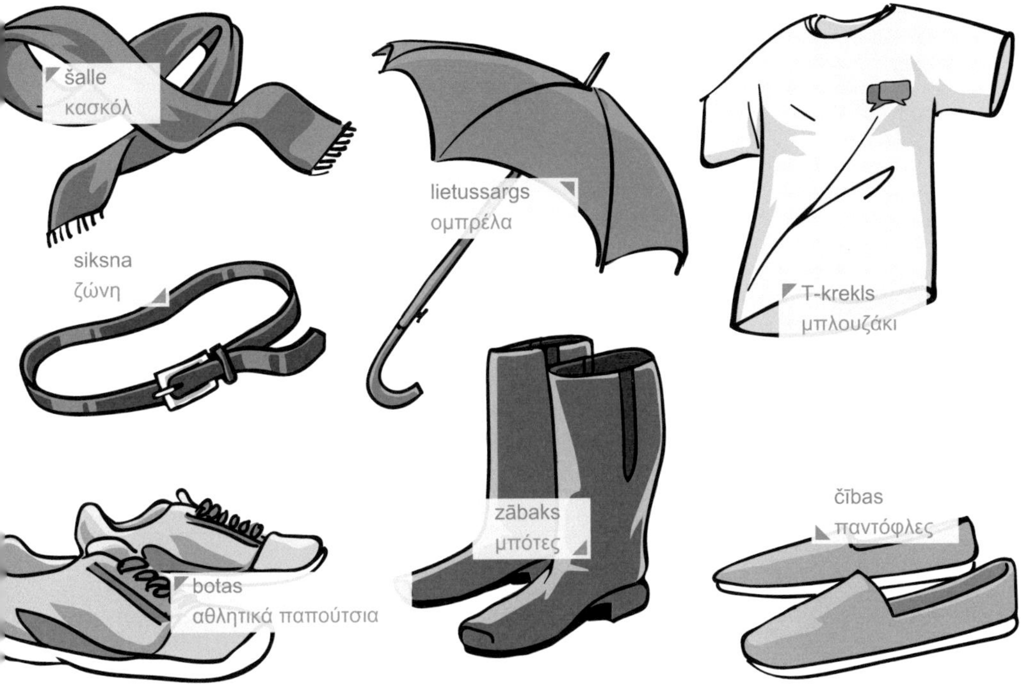

šalle
κασκόλ

lietussargs
ομπρέλα

siksna
ζώνη

T-krekls
μπλουζάκι

zābaks
μπότες

čības
παντόφλες

botas
αθλητικά παπούτσια

sandales

σανδάλια

kurpes

παπούτσια

gumijas zābaki

γαλότσες

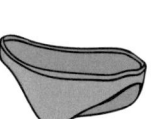

apakšbikses

εσώρουχο

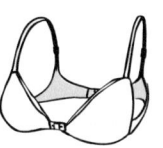

krūšturis

σουτιέν

apakškrekls

φανέλα

bodijs

σώμα

bikses

παντελόνι

džinsi

τζιν παντελόνι

svārki

φούστα

blūze

μπλούζα

krekls

πουκάμισο

pulovers

πουλόβερ

džemperis

πουλόβερ

žakete

σακάκι

jaka

μπουφάν

mētelis

παλτό

lietus mētelis

αδιάβροχο πανωφόρι

kostīms

κοστούμι

kleita

φόρεμα

kāzu kleita

νυφικό

uzvalks

κοστούμι

naktskrekls

νυχτικό

pidžama

πιτζάμες

sari

σάρι

lakats

μαντήλι

turbāns

τουρμπάνι

burka

μπούρκα

kaftāns

καφτάνι

abaja

μουσουλμανικό ένδυμα

peldkostīms

ολόσωμο μαγιό

peldbikses

ανδρικό μαγιό

šorti

σορτς

treniņtērps

αθλητική φόρμα

priekšauts

ποδιά

cimdi

γάντια

poga
κουμπί

brilles
γυαλιά

rokassprādze
βραχιόλι

kaklarota
περιδέραιο

gredzens
δαχτυλίδι

auskars
σκουλαρίκι

cepure
καπέλο

drēbju pakaramais
κρεμάστρα

platmale
καπέλο

kaklasaite
γραβάτα

rāvējslēdzējs
φερμουάρ

ķivere
κράνος

bikšturi
τιράντες

skolas forma
μαθητική στολή

uniforma
στολή

priekšautiņš

σαλιάρα

māneklis

πιπίλα

autiņbiksītes

πάνα

birojs
γραφείο

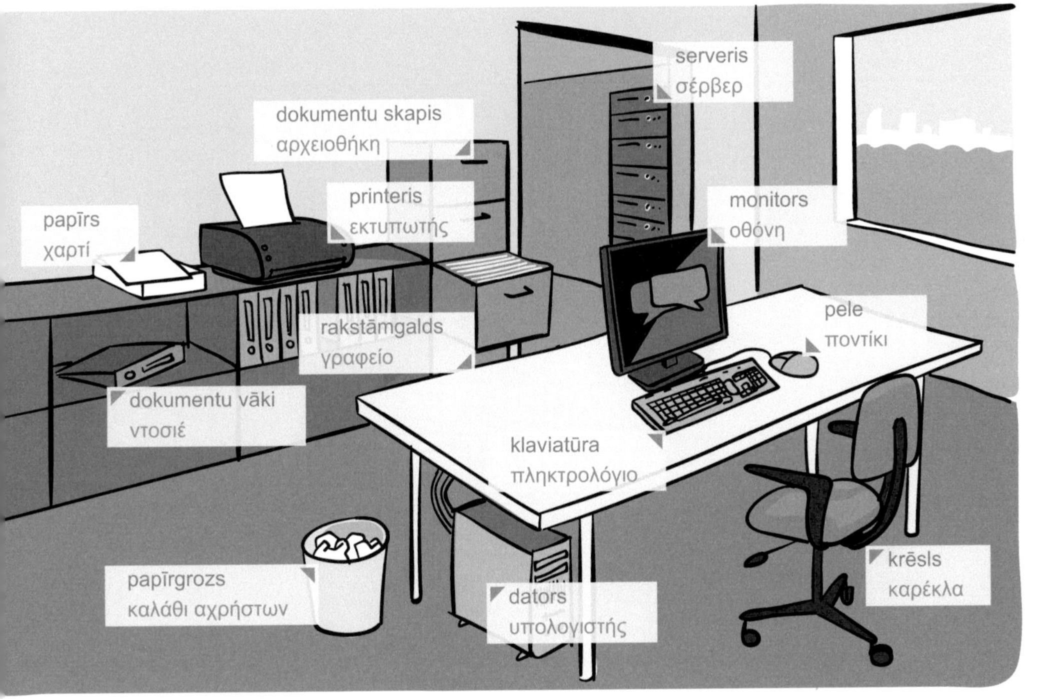

dokumentu skapis
αρχειοθήκη

serveris
σέρβερ

printeris
εκτυπωτής

monitors
οθόνη

papīrs
χαρτί

rakstāmgalds
γραφείο

pele
ποντίκι

dokumentu vāki
ντοσιέ

klaviatūra
πληκτρολόγιο

papīrgrozs
καλάθι αχρήστων

dators
υπολογιστής

krēsls
καρέκλα

kafijas krūze

κούπα του καφέ

kalkulators

κομπιουτεράκι

internets

ίντερνετ

portatīvais dators

λάπτοπ

vēstule

γράμμα

ziņa

μήνυμα

mobilais tālrunis

κινητό

tīkls

δίκτυο

kopētājs

φωτοτυπικό μηχάνημα

programmatūra

λογισμικό

telefons

τηλέφωνο

rozete

πρίζα

faksa aparāts

συσκευή φαξ

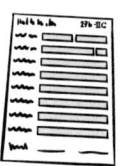

formulārs

έντυπο

dokuments

έγγραφο

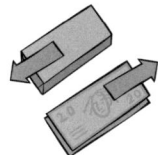

pirkt

αγοράζω

samaksāt

πληρώνω

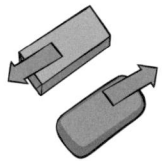

tirgot

συναλλάσσομαι

nauda

χρήματα

dolārs

δολάριο

eiro

ευρώ

jēna

γιεν

rublis

ρούβλι

franks

ελβετικό φράγκο

juaņa renminbi

ρενμίνμπι γιουάν

rūpija

ρουπία

bankomāts

ATM (αυτόματη ταμειακή μηχανή)

valūtas maiņas punkts

ανταλλακτήρια
συναλλάγματος

zelts

χρυσός

sudrabs

ασήμι

nafta

πετρέλαιο

enerģija

ενέργεια

cena

τιμή

līgums

συμβόλαιο

nodoklis

φόρος

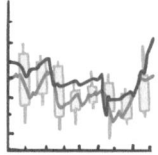

akcija

μετοχή

strādāt

δουλεύω

darbinieks

υπάλληλος

darba devējs

εργοδότης

fabrika

εργοστάσιο

veikals

κατάστημα

profesijas
επαγγέλματα

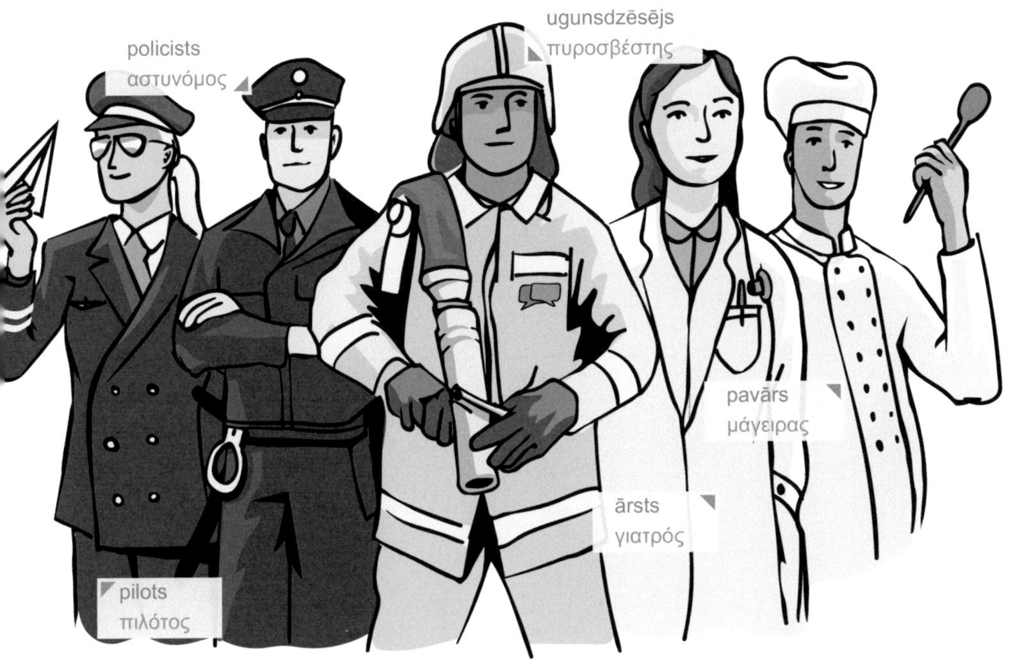

policists
αστυνόμος
ugunsdzēsējs
πυροσβέστης
pavārs
μάγειρας
ārsts
γιατρός
pilots
πιλότος

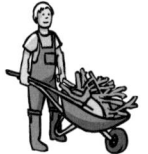

dārznieks
κηπουρός

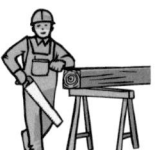

galdnieks
ξυλουργός

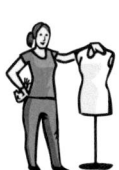

šuvēja
μοδίστρα

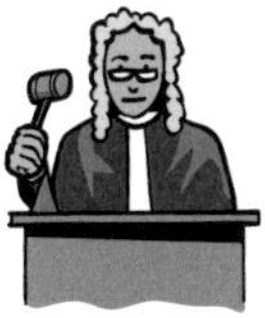

tiesnesis
δικαστής

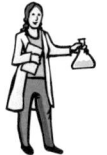

ķīmiķis
χημικός

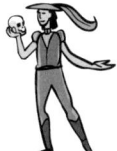

aktieris
ηθοποιός

autobusa vadītājs

οδηγός λεωφορείου

taksometra vadītājs

ταξιτζής

zvejnieks

ψαράς

apkopēja

καθαρίστρια

jumiķis

τεχνίτης στεγών

viesmīlis

σερβιτόρος

mednieks

κυνηγός

gleznotājs

ζωγράφος

maiznieks

αρτοποιός

elektriķis

ηλεκτρολόγος

celtnieks

οικοδόμος

inženieris

μηχανολόγος

miesnieks

κρεοπώλης

skārdnieks

υδραυλικός

pastnieks

ταχυδρόμος

karavīrs

στρατιώτης

arhitekts

αρχιτέκτονας

kasieris

ταμίας

florists

ανθοπώλης

frizieris

κομμωτής

konduktors

ελεγκτής εισιτηρίων

mehāniķis

μηχανικός

kapteinis

καπετάνιος

zobārsts

οδοντίατρος

zinātnieks

επιστήμονας

rabīns

ραβίνος

imāms

ιμάμης

mūks

μοναχός

mācītājs

ιερέας

instrumenti
εργαλεία

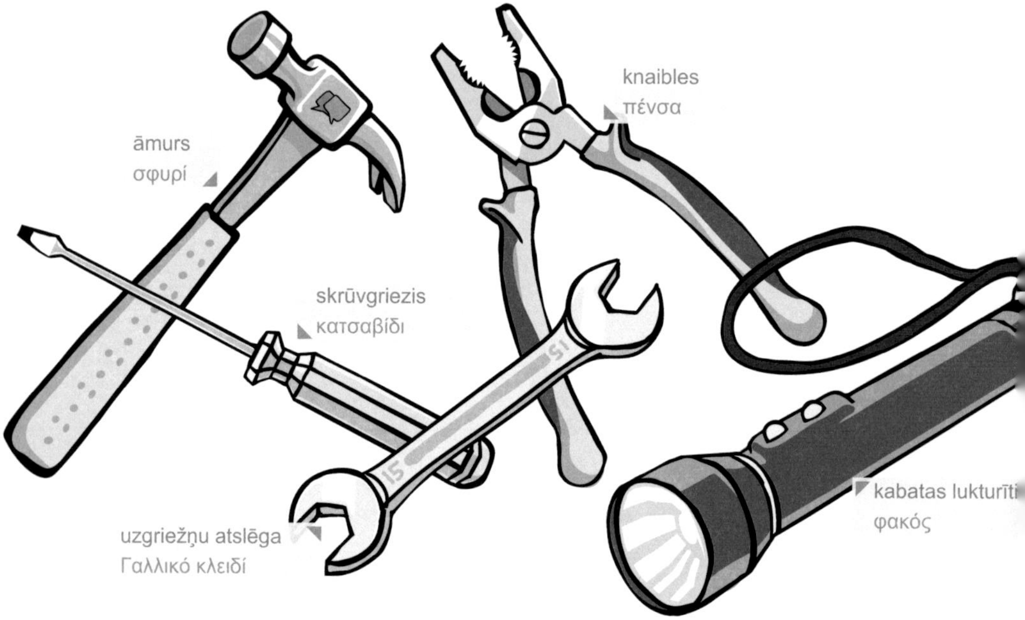

āmurs
σφυρί
knaibles
πένσα
skrūvgriezis
κατσαβίδι
uzgriežņu atslēga
Γαλλικό κλειδί
kabatas lukturīti
φακός

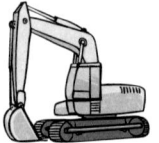

ekskavators

εκσκαφέας

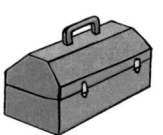

instrumentu kaste

εργαλειοθήκη

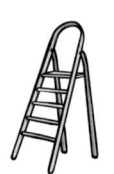

kāpnes

σκάλα

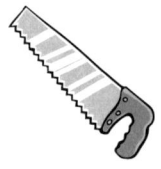

zāģis

πριόνι

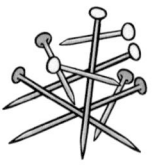

naglas

καρφιά

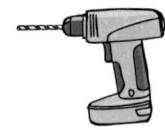

urbis

τρυπάνι

remontēt

επισκευάζω

lāpsta

φτυάρι

Velns!

Να πάρει!

liekšķere

φαράσι

krāsas bundža

δοχείο χρωμάτων

skrūves

βίδες

mūzikas instrumenti
μουσικά όργανα

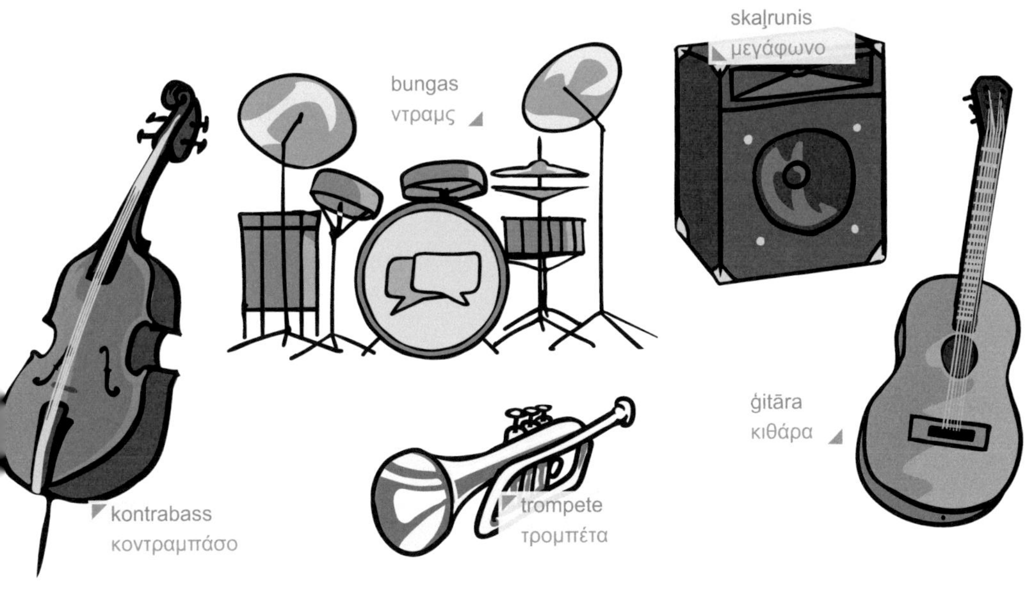

bungas
ντραμς ◢

skaļrunis
μεγάφωνο ◣

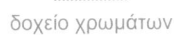

kontrabass
κοντραμπάσο

trompete
τρομπέτα

ģitāra
κιθάρα ◢

klavieres

πιάνο

vijole

βιολί

bass

μπάσο

timpāni

τύμπανα

bungas

τύμπανο

digitālās klavieres

πλήκτρα

saksofons

σαξόφωνο

flauta

φλάουτο

mikrofons

μικρόφωνο

zooloģiskais dārzs
ζωολογικός κήπος

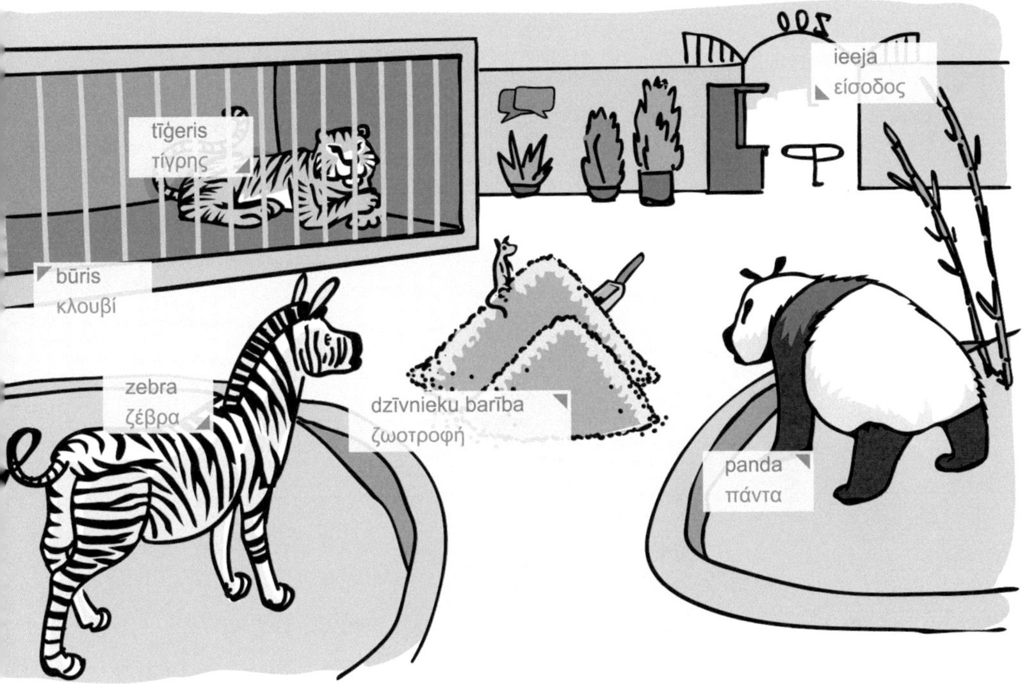
ieeja
είσοδος
tīģeris
τίγρης
būris
κλουβί
zebra
ζέβρα
dzīvnieku barība
ζωοτροφή
panda
πάντα

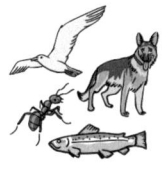

dzīvnieki

ζώα

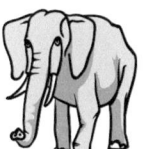

zilonis

ελέφαντας

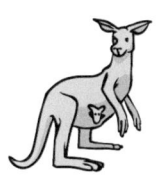

ķengurs

καγκουρό

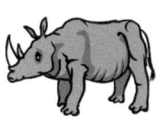

degunradzis

ρινόκερος

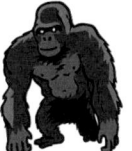

gorilla

γορίλας

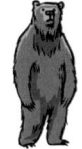

lācis

αρκούδα

kamielis

καμήλα

strauss

στρουθοκάμηλος

lauva

λιοντάρι

pērtiķis

πίθηκος

flamings

φλαμίνγκο

papagailis

παπαγάλος

polārlācis

πολική αρκούδα

pingvīns

πιγκουίνος

haizivs

καρχαρίας

pāvs

παγώνι

čūska

φίδι

krokodils

κροκόδειλος

zoodārza sargs

φύλακας ζωολογικού κήπου

ronis

φώκια

jaguārs

τζάγκουαρ

ponijs

πόνυ

leopards

λεοπάρδαλη

nīlzirgs

ιπποπόταμος

žirafe

καμηλοπάρδαλη

ērglis

αετός

meža cūka

αγριογούρουνο

zivs

ψάρι

bruņurupucis

χελώνα

valzirgs

θαλάσσιος ίππος

lapsa

αλεπού

gazele

γαζέλα

amerikāṇu futbols
Αμερικάνικο ποδόσφαιρο

riteņbraukšana
ποδηλασία

teniss
αντισφαίριση

basketbols
μπάσκετ

peldēšana
κολύμβηση

hokejs
χόκεϋ επί πάγου

bokss
πυγμαχία

futbols

ποδόσφαιρο

badmintons

μπάντμιντον

vieglatlētika

στίβος

rokas bumba

χάντμπολ

slēpošana

σκι

polo

πόλο

darbības
δραστηριότητες

lēkt
πηδάω
apskaut
αγκαλιάζω
smieties
γελάω
iet
περπατάω
dziedāt
τραγουδάω
sapņot
ονειρεύομαι
lūgt
προσεύχομαι
skūpstīt
φιλάω

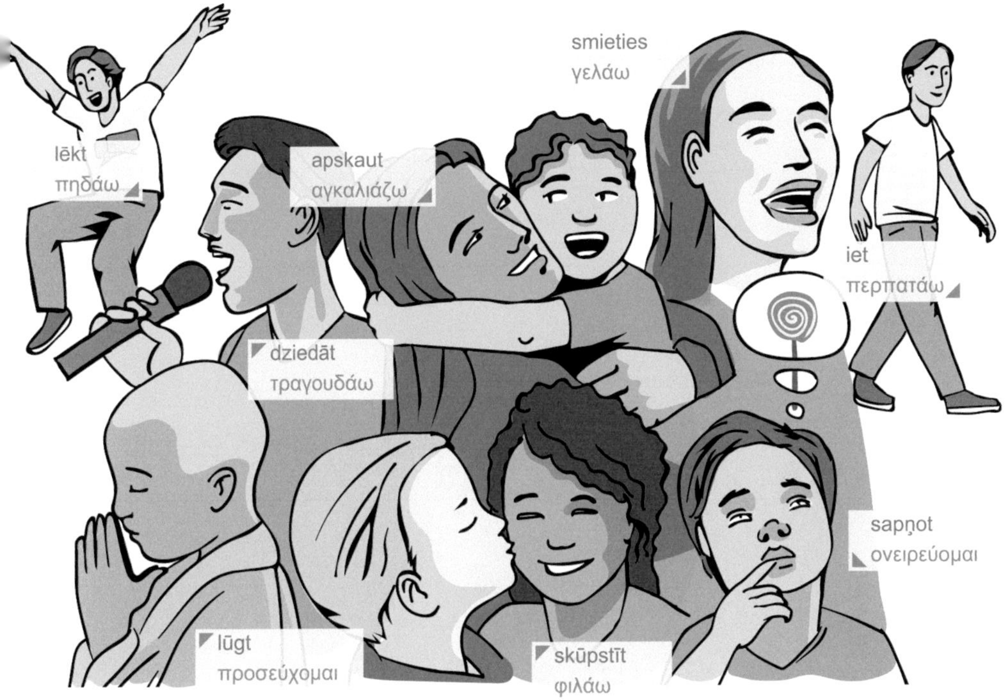

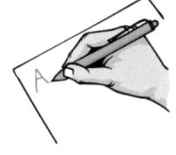

rakstīt
γράφω

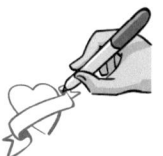

zīmēt
σχεδιάζω

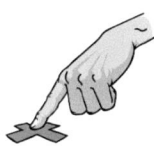

rādīt
δείχνω

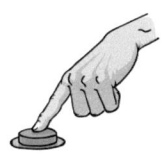

spiest
πιέζω

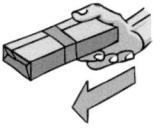

dot
δίνω

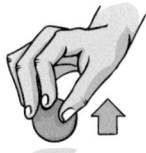

ņemt
παίρνω

būt

έχω

darīt

κάνω

būt

είμαι

stāvēt

στέκομαι

skriet

τρέχω

vilkt

τραβάω

mest

ρίχνω

krist

πέφτω

gulēt

ξαπλώνω

gaidīt

περιμένω

nest

κουβαλώ

sēdēt

κάθομαι

uzģērbt

φοράω

gulēt

κοιμάμαι

pamosties

ξυπνάω

skatīties

κοιτάω

raudāt

κλαίω

glāstīt

χαϊδεύω

ķemmēt

χτενίζω

runāt

μιλάω

saprast

καταλαβαίνω

jautāt

ρωτάω

dzirdēt

ακούω

dzert

πίνω

ēst

τρώω

sakārtot

συγυρίζω

mīlēt

αγαπάω

vārīt

μαγειρεύω

braukt

οδηγώ

lidot

πετάω

burot

κάνω ιστιοπλοΐα

rēķināt

υπολογίζω

lasīt

διαβάζω

mācīties

μαθαίνω

strādāt

δουλεύω

precēties

παντρεύομαι

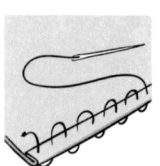

šūt

ράβω

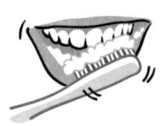

tīrīt zobus

βουρτσίζω τα δόντια

nogalināt

σκοτώνω

smēķēt

καπνίζω

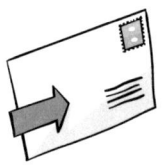

sūtīt

στέλνω

ģimene
οικογένεια

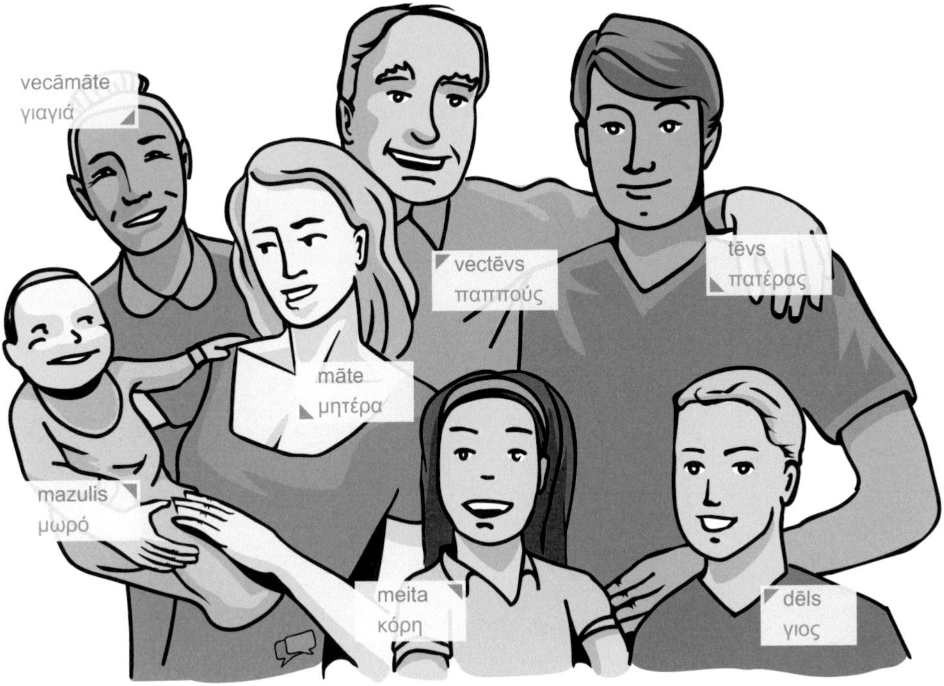

vecāmāte
γιαγιά
vectēvs
παππούς
tēvs
πατέρας
māte
μητέρα
mazulis
μωρό
meita
κόρη
dēls
γιος

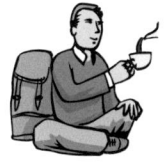

viesis
καλεσμένος

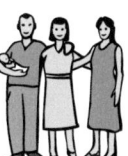

tante
θεία

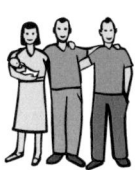

onkulis
θείος

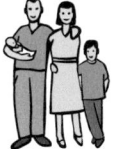

brālis
αδελφός

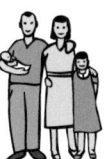

māsa
αδελφή

ķermenis
σώμα

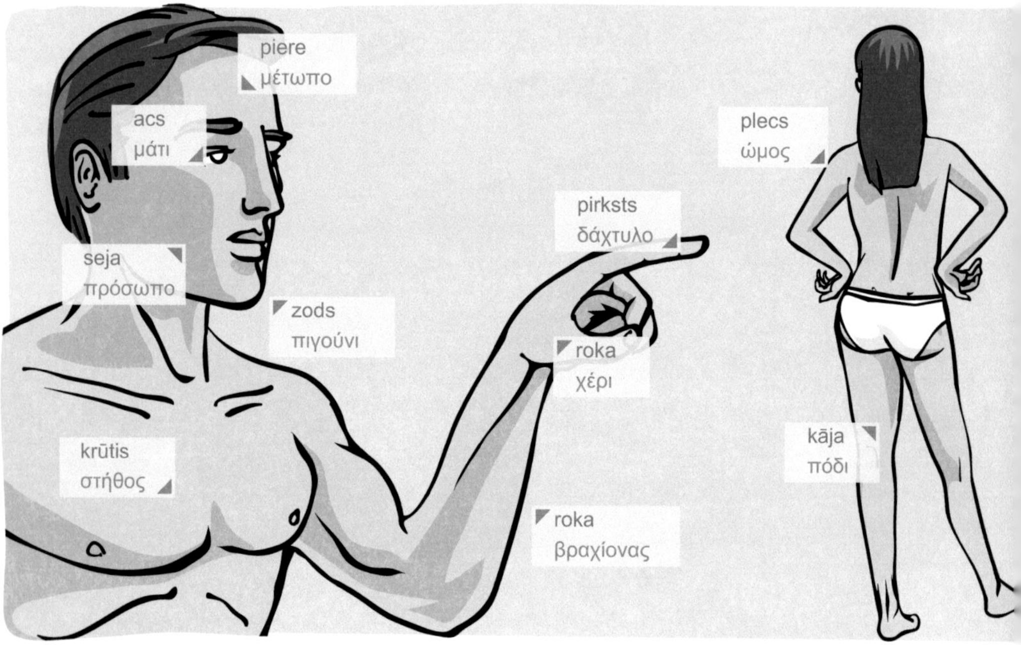

piere
μέτωπο

acs
μάτι

plecs
ώμος

pirksts
δάχτυλο

seja
πρόσωπο

zods
πιγούνι

roka
χέρι

krūtis
στήθος

kāja
πόδι

roka
βραχίονας

mazulis

μωρό

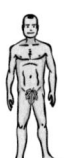

vīrietis

άνδρας

sieviete

γυναίκα

meitene

κορίτσι

zēns

αγόρι

galva

κεφάλι

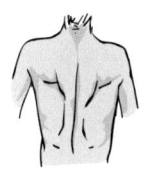

mugura

πλάτη

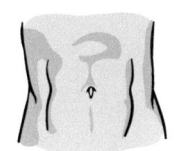

vēders

κοιλιά

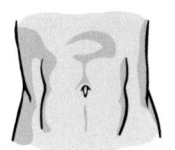

naba

αφαλός

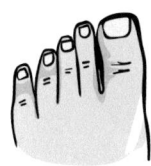

kājas pirksts

δάχτυλο ποδιού

papēdis

φτέρνα

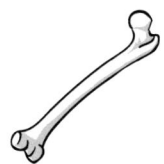

kauls

κόκκαλο

gurns

γοφός

celis

γόνατο

elkonis

αγκώνας

deguns

μύτη

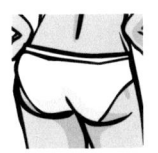

dibens

γλουτός

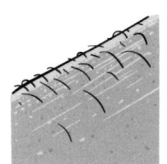

āda

δέρμα

vaigs

μάγουλο

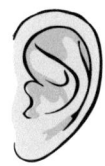

auss

αυτί

lūpa

χείλος

mute
στόμα

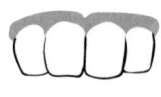

zobs
δόντι

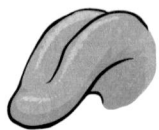

mēle
γλώσσα

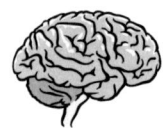

smadzenes
εγκέφαλος

sirds
καρδιά

muskulis
μυς

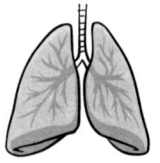

plaušas
πνεύμονας

aknas
συκώτι

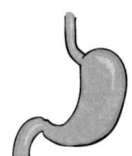

kuņģis
στομάχι

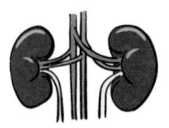

nieres
νεφρά

dzimumakts
σεξουαλική επαφή

kondoms
προφυλακτικό

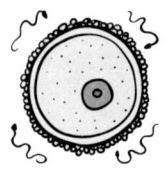

olšūna
ωάριο

sperma
σπέρμα

grūtniecība
εγκυμοσύνη

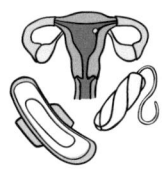

menstruācijas
περίοδος

vagīna
γυναικείος κόλπος

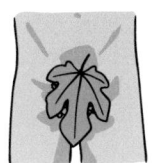

penis
πέος

uzacs
φρύδι

mati
μαλλιά

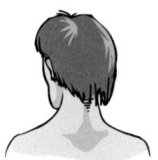

kakls
λαιμός

slimnīca
νοσοκομείο

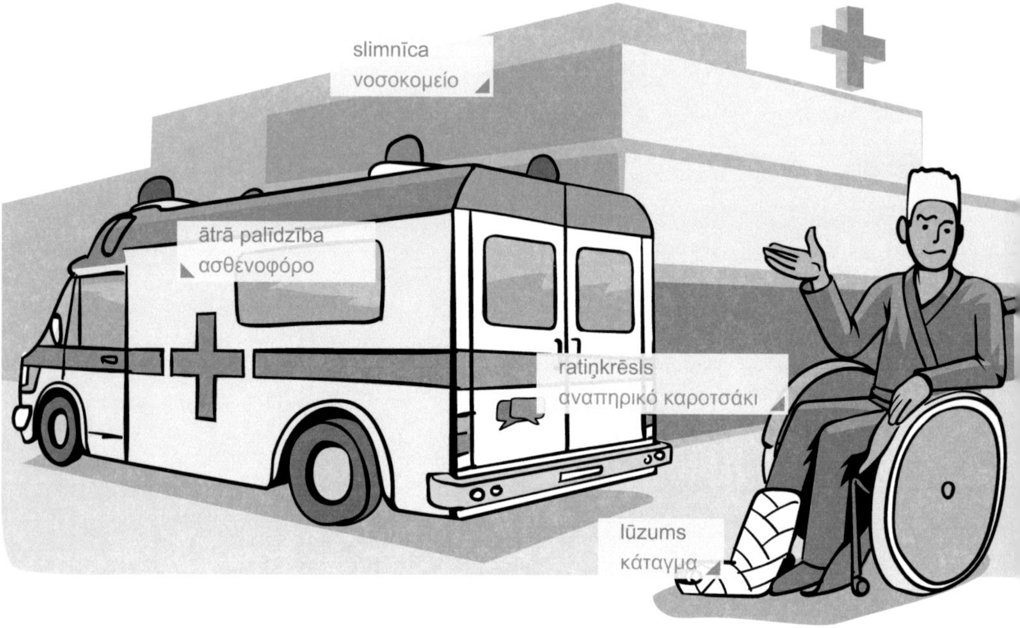

slimnīca
νοσοκομείο
ātrā palīdzība
ασθενοφόρο
ratiņkrēsls
αναπηρικό καροτσάκι
lūzums
κάταγμα

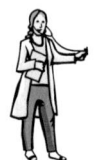

ārsts

γιατρός

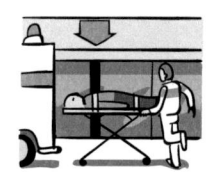

neatliekamās palīdzības nodaļa

μονάδα εντατικής θεραπείας

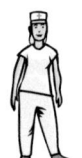

medmāsa

νοσοκόμα

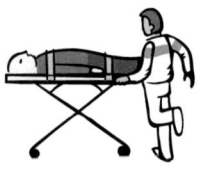

ārkārtas gadījums

έκτακτη ανάγκη

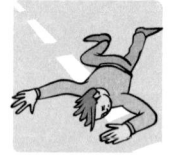

paģībis

λιπόθυμος

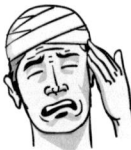

sāpes

πόνος

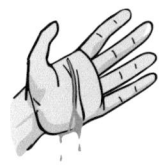

ievainojums

τραύμα

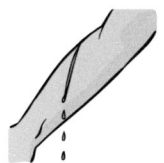

asiņošana

αιμορραγία

sirdslēkme

έμφραγμα

insults

εγκεφαλικό

alerģija

αλλεργία

klepus

βήχας

temperatūra

πυρετός

gripa

γρίπη

caureja

διάρροια

galvassāpes

πονοκέφαλος

vēzis

καρκίνος

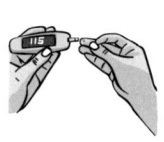

diabēts

διαβήτης

ķirurgs

χειρουργός

skalpelis

νυστέρι

operācija

εγχείρηση

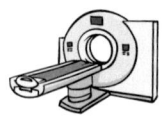

datortomogrāfija

αξονική τομογραφία

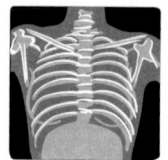

rentgents

ακτινογραφία

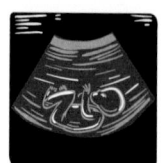

ultraskaņa

υπέρηχος

sejas maska

μάσκα

slimība

ασθένεια

uzgaidāmā telpa

αίθουσα αναμονής

kruķis

πατερίτσα

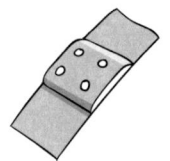

plāksteris

χάνσαπλαστ

apsējs

επίδεσμος

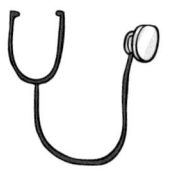

injekcija

ένεση

stetoskops

στηθοσκόπιο

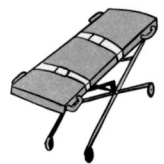

nestuves

φορείο

termometrs

θερμόμετρο

dzemdības

γέννηση

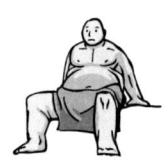

liekais svars

υπέρβαρο

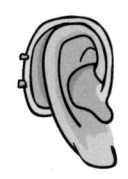

dzirdes aparāts

ακουστικό βαρηκοΐας

dezinfekcijas līdzeklis

αντισηπτικό

infekcija

λοίμωξη

vīruss

ιός

HIV / AIDS

HIV/AIDS

zāles

φάρμακο

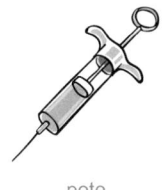

pote

εμβολιασμός

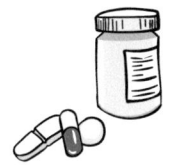

tabletes

δισκία

pretapaugļošanās tablete

χάπι

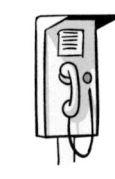

ārkārtas izsaukums

κλήση έκτακτης ανάγκης

asinsspiediena mērītājs

πιεσόμετρο αίματος

slims / vesels

άρρωστος / υγιής

Palīgā!
Βοήθεια!

trauksme
συναγερμός

uzbrukums
βιαιοπραγία

uzbrukums
επίθεση

bīstamība
κίνδυνος

avārijas izeja
έξοδος κινδύνου

Uguns!
Φωτιά!

ugunsdzēšamais aparāts
πυροσβεστήρας

negadījums
ατύχημα

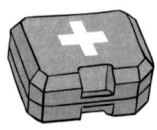

pirmās palīdzības aptieciņa

κουτί πρώτων βοηθειών

SOS
SOS

policija
αστυνομία

Eiropa

Ευρώπη

Ziemeļamerika

Βόρεια Αμερική

Dienvidamerika

Νότια Αμερική

Āfrika

Αφρική

Āzija

Ασία

Austrālija

Αυστραλία

Atlantijas okeāns

Ατλαντικός Ωκεανός

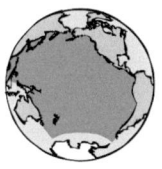

Klusais okeāns

Ειρηνικός Ωκεανός

Indijas okeāns

Ινδικός Ωκεανός

Dienvidu okeāns

Ανταρκτικός Ωκεανός

Ziemeļu ledus okeāns

Αρκτικός Ωκεανός

Ziemeļpols

Βόρειος Πόλος

Dienvidpols

Νότιος Πόλος

Antarktika

Ανταρκτική

zeme

Γη

zeme

γη

jūra

θάλασσα

sala

νησί

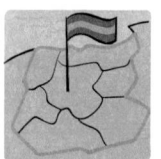

nācija

έθνος

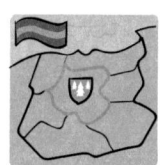

valsts

πολιτεία

ciparnīca

καντράν ρολογιού

stundu rādītājs

ωροδείκτης

minūšu rādītājs

λεπτοδείκτης

sekunžu rādītājs

δείκτης δευτερολέπτων

Cik ir pulkstenis?

Τι ώρα είναι;

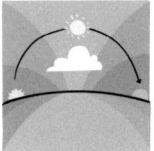

diena

ημέρα

laiks

χρόνος

tagad

τώρα

digitālais pulkstenis

ψηφιακό ρολόι

minūte

λεπτό

stunda

ώρα

nedēļa
εβδομάδα

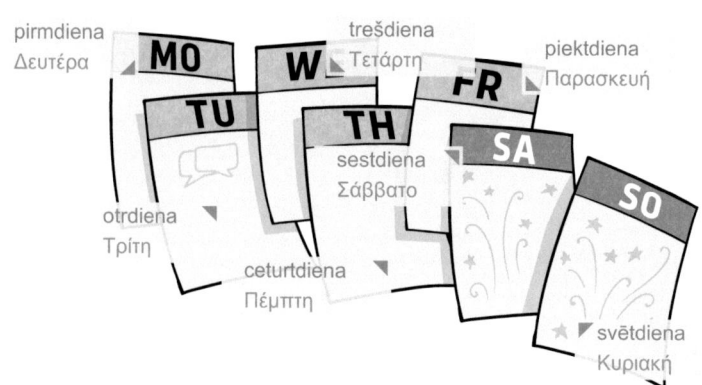

pirmdiena
Δευτέρα

trešdiena
Τετάρτη

piektdiena
Παρασκευή

otrdiena
Τρίτη

sestdiena
Σάββατο

ceturtdiena
Πέμπτη

svētdiena
Κυριακή

vakardien

χθες

šodien

σήμερα

rītdien

αύριο

rīts

πρωί

pusdienlaiks

μεσημέρι

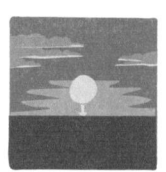

vakars

βράδυ

MO	TU	WE	TH	FR	SA	SU
1	2	3	4	5	6	7
8	9	10	11	12	13	14
15	16	17	18	19	20	21
22	23	24	25	26	27	28
29	30	31	1	2	3	4

darbadienas

εργάσιμες ημέρες

MO	TU	WE	TH	FR	SA	SU
1	2	3	4	5	6	7
8	9	10	11	12	13	14
15	16	17	18	19	20	21
22	23	24	25	26	27	28
29	30	31	1	2	3	4

brīvdienas

Σαββατοκύριακο

lietus
βροχή

varavīksne
ουράνιο τόξο

vējš
άνεμος

sniegs
χιόνι

pavasaris
άνοιξη

vasara
καλοκαίρι

rudens
φθινόπωρο

ziema
χειμώνας

4.APRIL	11°	
5.APRIL	4°	
6.APRIL	13°	
7.APRIL	8°	
8.APRIL	10°	

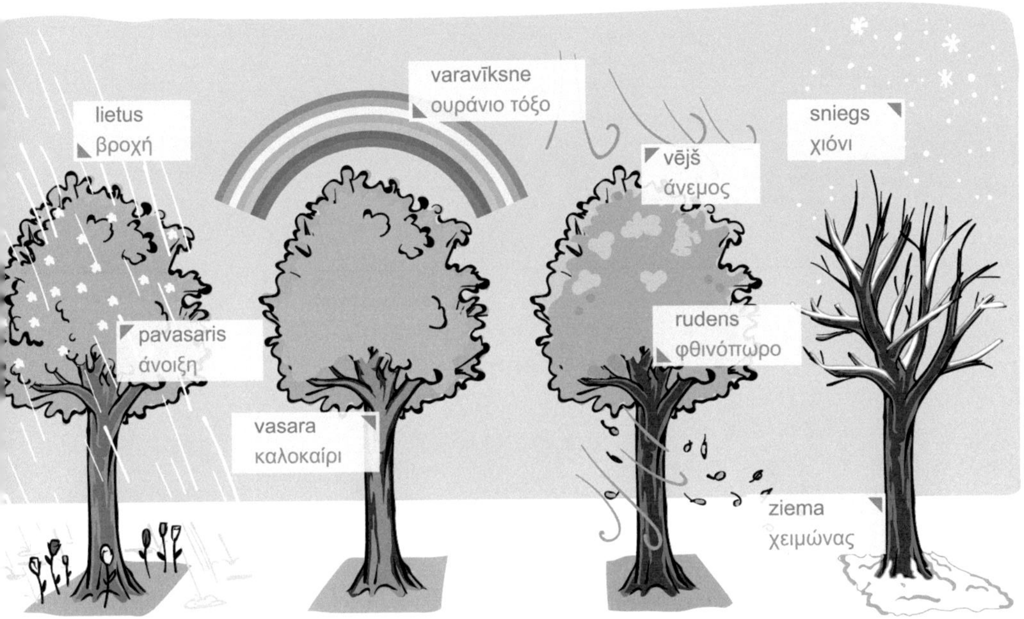

laika prognoze

πρόγνωση καιρού

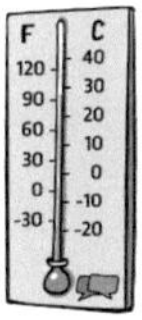

termometrs

θερμόμετρο

saules gaisma

λιακάδα

mākonis

σύννεφο

migla

ομίχλη

gaisa mitrums

υγρασία

zibens

αστραπή

pērkons

κεραυνός

vētra

καταιγίδα

krusa

χαλάζι

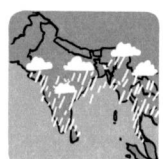

musons

μουσώνας

plūdi

πλημμύρα

ledus

πάγος

janvāris

Ιανουάριος

februāris

Φεβρουάριος

marts

Μάρτιος

aprīlis

Απρίλιος

maijs

Μάιος

jūnijs

Ιούνιος

jūlijs

Ιούλιος

augusts

Αύγουστος

gads - έτος

septembris

Σεπτέμβριος

oktobris

Οκτώβριος

novembris

Νοέμβριος

decembris

Δεκέμβριος

formas
σχήματα

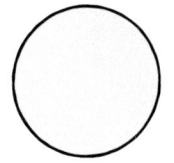

aplis

κύκλος

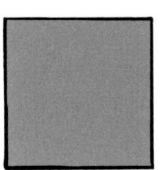

kvadrāts

τετράγωνο

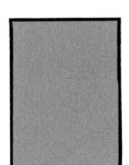

četrstūris

ορθογώνιο
παραλληλόγραμμο

trīsstūris

τρίγωνο

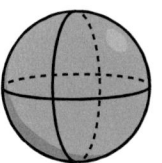

lode

σφαίρα

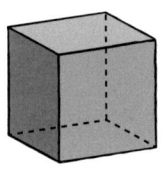

kubs

κύβος

balts

άσπρο

dzeltens

κίτρινο

oranžs

πορτοκαλί

sārts

ροζ

sarkans

κόκκινο

lillā

μωβ

zils

μπλε

zaļš

πράσινο

brūns

καφέ

pelēks

γκρι

melns

μαύρο

daudz / maz

πολύ / λίγο

saniknots / miermīlīgs

θυμωμένος / ήρεμος

skaists / neglīts

όμορφος / άσχημος

sākums / beigas

αρχή / τέλος

liels / mazs

μεγάλος / μικρός

gaišs / tumšs

φωτεινός / σκοτεινός

brālis / māsa

αδελφός / αδελφή

tīrs / netīrs

καθαρός / λερωμένος

pilnīgs / nepilnīgs

πλήρης / ατελής

diena / nakts

ημέρα / νύχτα

miris / dzīvs

νεκρός / ζωντανός

plats / šaurs

φαρδύς / στενός

baudāms / nebaudāms

βρώσιμος / μη βρώσιμος

nikns / laipns

κακός / ευγενικός

satraukts / garlaikots

ενθουσιασμένος / βαριεστημένος

resns / tievs

παχύς / λεπτός

pirmais /pēdējais

πρώτος / τελευταίος

draugs / ienaidnieks

φίλος / εχθρός

pilns / tukšs

γεμάτος / άδειος

ciets / mīksts

σκληρός / μαλακός

smags / viegls

βαρύς / ελαφρύς

izsalkums / slāpes

πείνα / δίψα

slims / vesels

άρρωστος / υγιής

nelegāls / legāls

παράνομος / νόμιμος

inteliģents / dumjš

έξυπνος / χαζός

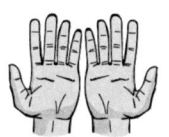

kreisais / labais

αριστερός / δεξιός

tuvu / tālu

κοντινός / μακρινός

jauns / lietots

καινούριος /
μεταχειρισμένος

nekas / kaut kas

τίποτα / κάτι

vecs / jauns

γέρος | νέος

ieslēgts / izslēgts

αναμμένος / σβηστός

atvērts / slēgts

ανοιχτός / κλειστός

kluss / skaļš

χαμηλόφωνος /
μεγαλόφωνος

bagāts / nabags

πλούσιος / φτωχός

pareizi / nepareizi

σωστός / λανθασμένος

raupjš / gluds

τραχύς / λείος

noskumis / laimīgs

λυπημένος / χαρούμενος

īss / garš

κοντός / μακρύς

lēns / ātrs

αργός / γρήγορος

slapjš / sauss

υγρός / στεγνός

silts / vēss

ζεστός / δροσερός

karš / miers

πόλεμος / ειρήνη

0

nulle

μηδέν

1

viens

ένα

2

divi

δύο

3

trīs

τρία

4

četri

τέσσερα

5

pieci

πέντε

6

seši

έξι

7

septiņi

εφτά

8

astoņi

οκτώ

9

deviņi

εννιά

10

desmit

δέκα

11

vienpadsmit

έντεκα

12	**13**	**14**
divpadsmit	trīspadsmit	četrpadsmit
δώδεκα	δεκατρία	δεκατέσσερα
15	**16**	**17**
piecpadsmit	sešpadsmit	septiņpadsmit
δεκαπέντε	δεκαέξι	δεκαεφτά
18	**19**	**20**
astoņpadsmit	deviņpadsmit	divdesmit
δεκαοκτώ	δεκαεννέα	είκοσι
100	**1.000**	**1.000.000**
simts	tūkstotis	miljons
εκατό	χίλια	εκατομμύριο

anglu

Αγγλικά

amerikāņu anglu

Αμερικάνικα Αγγλικά

ķīniešu mandarīnu valoda

Μανδαρίνικα Κινέζικα

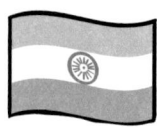

hindi

Χίντι

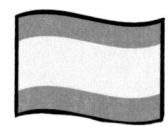

spāņu

Ισπανικά

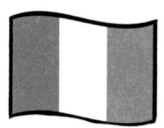

franču

Γαλλικά

arābu

Αραβικά

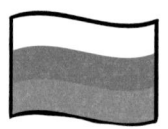

krievu

Ρώσικα

portugāļu

Πορτογαλικά

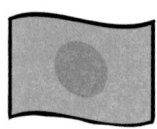

bengāļu

Μπενγκάλι

vācu

Γερμανικά

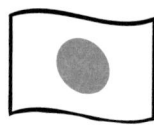

japāņu

Ιαπωνικά

es
εγώ

tu
εσύ

viņš / viņa
αυτός / αυτή / αυτό

mēs
εμείς

jūs
εσείς

viņi / viņas
αυτοί / αυτές / αυτά

kas?
ποιος / ποια / ποιο;

ko?
τι;

kā?
πώς;

kur?
πού;

kad?
πότε;

vārds
όνομα

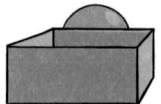

aiz

πίσω

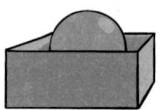

iekšā

μέσα

priekšā

μπροστά

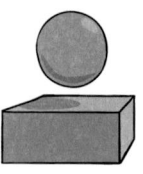

virs

πάνω από

uz

πάνω

zem

κάτω

blakus

δίπλα

starp

ανάμεσα

vieta

μέρος